KB020796

전후 일본의
사상공간

오사와 마사치 지음
서동주 · 권희주 · 홍윤표 옮김

어문학사

SENGO NO SHISO KUKAN by Masachi Ohsawa

Copyright © Masachi Ohsawa, 1998.

All rights reserved.

Original Japanese edition published by Chikumashobo Ltd., Tokyo.

This Korean edition is published by arrangement with Chikumashobo
Ltd., Tokyo

in care of Tuttle-Mori Agency, Inc., Tokyo

through Creek & River Korea Co., Ltd., Seoul.

차 례

1부
전후사상의 현재성

1.
왜 '전후'를 말하는가?

첫 번째 옴진리교 사건

안녕하십니까? 이제부터 세 번에 걸쳐 전후사상에 관해 이야기를 하고자 합니다. 따라서 오늘로 이야기가 완결되지는 않습니다. 하지만 오늘 이야기만으로 어느 정도 정리가 되도록 할 생각입니다.

우선 왜 전후라는 개념구조로 생각하는가라는 문제에서부터 시작하려고 합니다. 다시 말해서 우연히 1945년에 전쟁이 끝났기 때문에 그 이후를 전후라고 하는 것이 아니라, 굳이 '전후'라는 용어로 생각해야 할 사상적 필연성이 있는가라는 문제부터 생각해 보고 싶습니다.

굳이 말할 필요도 없이 전후사상이란 전후를 하나의 연속하는 일관된 전체로 보는 것에 의미가 있어야만 성립하는 것입니다. 그저 45년 이후라고 생각해봐도 의미가 없습니다. 결론적으로는 물론 그렇게 이야기를 하려 하지만, 전후라는 시간을 어떻게 구분 지을 것 인가를 생각하는 것에 의미가 있다고 봅니다. 그 이유는 조금 자극 적이지만 알기 쉬운 표현을 빌리자면, 제 생각으로는 현재가 전전戰 前이기 때문입니다.

이렇게 현재를 정말로 전전이라고 생각하는 사람은 저뿐만이 아 닙니다. 비슷한 이야기를 하는 사람은 전부터 있었습니다. 제 자신 이 이렇게 생각하게 된 것은 옴진리교 사건[1] 때문입니다. 옴진리교 사건은 95년에 있었습니다. 옴진리교는 많은 신흥종교와 마찬가지 로 세계최종전쟁을 예언하고 있었습니다. 대부분의 종교와 마찬가 지로 세계최종전쟁의 시기는 1999년 혹은 2000년, 요컨대 서력 2000년을 전환점으로 하여 촉발된 것입니다. 따라서 불교계든 뭐든 그리스도가 태어나서 2000년 후의 시간이 다가오고 있다는 것과 관 련하여 최종전쟁에 대한 예언이 이루어진 것입니다.

그러나 최종전쟁은 『허구의 시대 끝에서 虛構の時代の果て』에도 썼 지만, 어떤 의미에서는 이미 끝났다고 할 수 있습니다. 최종전쟁에 관한 이야기는 예를 들면 『에반겔리온』에도 나오는데, 대개의 경우 '최종전쟁 이후'라는 설정으로 되어 있습니다. 그렇기 때문에 이야 기의 중심은 최종전쟁 이후가 진정한 최종전쟁이라는 것이 됩니다.

---

1) 옴진리교 사건(オウム真理教事件) : 옴진리교는 교주 아사하라 쇼코(麻原彰晃)가 1984년에 설립한 종교단체이다. 이 단체는 일본을 지배하고, 교주 스스로가 왕이 되려는 공상을 실현 하기 위해 교단과 적대관계에 있는 인물을 살해하고 무차별 테러사건을 일으켰다. 옴진리 교가 일으킨 일련의 사건을 옴진리교 사건이라 하는데, 가장 대표적인 것이 1995년 3월 20 일 도쿄의 지하철에서 신경가스 사린을 살포하여 12명이 사망하고 5,510명이 중경상을 당 한 지하철사린사건이다.

여기서 최종전쟁이 반복된다는 것 자체가 실로 모순적인데, 이 경우의 최종전쟁이란 물론 제2차 세계대전을 말합니다.

제2차 세계대전의 발발은 통상 1939년으로 간주됩니다. 그런데 일본이 미국에게 선전포고한 것은 1941년입니다. 일본의 경우 이 전쟁을 15년 전쟁으로 봐야 하기 때문에 따라서 좀 더 이전부터 전쟁이 시작되었다고 할 수 있습니다. 그렇지만 전쟁이 세계대전으로 인식된 것은 대체로 1940년 전후입니다. 그에 반해 예언된 최종전쟁은 2000년경에 시작되는 것으로 되어 있습니다. 두 최종전쟁의 시간차는 대략 60년입니다.

이 60년이라는 주기를 95년의 옴진리교 사건에 적용해 봅시다. 즉 60년을 거슬러 올라가면 놀랍게도 거기에 첫 번째 옴진리교 사건이 있습니다. 제2차 오모토교大本教 탄압사건이 그것입니다. 오모토교와 옴진리교는 이름도 약간 비슷한데, 이 오모토교 탄압사건이란 옴진리교 사건과 매우 유사합니다. 실제로 95년 당시 두 사건의 유사성을 지적한 사람도 몇 명 있었습니다. 오모토교에 관해서 설명할 여유는 없지만, 옴진리교의 경우와 마찬가지로 일종의 테러리스트라는 혐의를 받았습니다. 오모토교는 옴진리교처럼 종말론적인 세계관을 가지고 있으며 그 세계관에 근거해서 무장봉기를 계획했다는 의혹을 받았습니다. 1935년, 즉 쇼와 10년 12월 8일 새벽 교토의 아야베綾部와 가메오카亀岡에 있는 두 개의 오모토교 본부는 5백 명이 넘는 경관에 포위되어 압수수색을 받게 됩니다. 당시의 내무성은 "오모토교를 지상에서 말살한다"는 단호한 각오로 이 수색을 준비했다고 전해집니다. 이 수색에서 지도자 데구치 오니사부로

出口王仁三朗[2])를 비롯한 주요 간부가 체포되었고, 3백 명의 신자가 검거되었습니다. 마치 내전을 방불케 하는 경찰의 수사방식은 95년의 옴진리교에 대한 철저한 수사를 떠올리게 합니다.

그러나 오모토교의 경우는 옴진리교와 달랐습니다. 발견된 '무기'(라고 해봐야 아마도 종교적인 제사도구와 같은 것이었는데)를 생각하면 현실적으로 무장봉기를 준비했다고는 생각하기 어렵습니다. 그렇다면 실제로 테러를 자행한 옴진리교와 아쉽게도 테러가 상상 수준에 머물렀던 오모토교는 역시 다르다고 생각하지 않을 수 없습니다.

그러나 역사를 조금만 신중하게 바라보면 '60년 전에 최초의 옴진리교 사건이 있었다'는 명제는 유지될 수 있습니다. 오모토교 사건으로부터 2달 반 정도 지나 전전 최대의 테러리즘사건이 일어났기 때문입니다. 바로 2·26사건입니다. 제 생각으로는 오모토교 탄압사건과 2·26사건을 하나로 묶어서 본다면 이것이 전전의 옴진리교 사건이 됩니다. 시간적으로 근접해 있다는 것만으로 2·26사건과 오모토교 사건을 하나로 묶는 것은 너무나 자의적인 시각으로 보는 것인지도 모르겠습니다. 하지만 단지 시간적으로 근접해 있기 때문에 이렇게 말하는 것이 아닙니다. 2·26사건은 황도파皇道派로 불리는 육군의 청년장교들이 일으킨 것인데, 그들 가운데 다수의 오모토교 동조자가 있었다고 합니다. 또 황도파의 사상적 지도자였던 기타 잇키北一輝[3)와 오모토교의 데구치 오니사부로 사이에 상당

---

2) 데구치 오니사부로 : 1871~1948. 오모토교(大本敎)의 창시자. 전전의 신종교 '오모토(大本)'의 교의를 정비하고 오모토교를 영향력 있는 종교단체로 발전시킨 실질적인 교주.

히 적극적인 교류가 있었다는 것도 확실합니다. 즉 황도파와 오모토교는 정신적으로 근린관계에 있었던 것입니다. 그렇기 때문에 오모토교 사건과 2·26사건을 하나로 묶는 것은 결코 부자연스러운 것이 아닙니다.

두 개의 60년간

말이 조금 길어졌는데, 요컨대 60년 전에 첫 번째 옴진리교 사건이 있었습니다. 그러나 이것뿐이라면 우연처럼 보입니다. 이러한 일치의 배후에는 좀 더 시스템적인 대응이 있습니다. 원래 옴진리교와 '오모토교＋2·26'의 대응은 두 최종전쟁 사이에 놓인 60년이라는 시간 간격 위에서 도출된 것입니다. 그렇기 때문에 최초의 최종전쟁 이후의 시간 전체에 같은 조작을 적용해 보면 그 배후에 있는 시스템적인 대응이 보이게 됩니다.

예를 들면 이렇습니다. 전후의 출발이라는 일본국헌법의 공포는 쇼와 21년(1946)에 있었습니다. 이에 대해 전전의 대일본제국헌법이 발포된 것은 그로부터 57년 전인 메이지 22년(1889)입니다. 여기서 메이지가 45년간이고 다이쇼가 15년간이므로 합치면 59년이 되기 때문에 약 60년의 간격을 두고 보면 메이지의 연호와 쇼와의 연

---

3) 기타 잇키 : 1883~1937. 전전 일본의 국가주의 운동을 주도한 사상가. 육군의 청년 장교들이 중심이 되어 일으킨 '2·26사건'으로 체포되어 사형을 받았다. 대표적인 저서로 『국체론 및 순정사회주의』, 『국가개조안원리대강』 등이 있다.

호가 거의 평행한다는 것을 알 수 있습니다. 이쯤 되면 어떤 분들은 제가 지금 이야기하려는 시스템적인 대응이 이전에 가라타니 고진 柄谷行人이 주장한 '쇼와·메이지 평행설'과 같다는 것을 아실 것입니다. 저는 그의 논고를 처음 읽었을 때 그런 평행성을 발견하는 것이 어떤 의미가 있을까 생각했는데, 새삼 95년이 되어 보니 그 평행성에 좀 더 중요한 사상적 의미가 있는 것이 아닐까 하고 생각하게 되었습니다.

헌법만이 아니라 여러 중요한 사건에 관해서도 이러한 대응을 지적할 수 있습니다. 예를 들면 전후 점령 하에 있었던 일본이 형식적이나마 주권을 회복하게 된 것은 샌프란시스코강화조약과 미일안전보장조약에 의해서입니다. 이것은 쇼와 26년(1951)의 일입니다. 이것을 메이지 쪽에서 보면, 일본이 불완전하지만 일단 형식적으로 독립해서 세계 시스템 속의 정식 일원이 되었다고 간주되는 사건이 청일전쟁입니다. 청일전쟁은 메이지 27년(1894)에 있었습니다. 두 사건 사이에는 57년의 시간차가 있습니다.

그리고 전후 일본이 좀 더 자신감을 회복하고 실질적인 주권을 갖게 되었다고 느끼게 된 것은, 뒤에서도 언급하겠지만, 쇼와 35년(1960)의 60년 안보를 통해 안보조약이 개정되고 그로부터 쇼와 39년(1964)의 도쿄올림픽이 성공적으로 개최되었던 즈음입니다. 메이지 쪽에서 이것에 대응하는 사건은 러일전쟁입니다. 메이지 39년(1906)의 일입니다. 이 해는 도쿄올림픽과 정확하게 60년의 시간차가 납니다.

메이지 시기 외교상의 가장 중요한 과제는 불평등조약을 개정하는 것이었습니다. 이것은 메이지 44년(1911)에 이루어집니다. 한편 '전후' 일본 최대의 외교상의 과제는 오키나와의 반환이었습니다. 이것은 쇼와 45년(1970)의 일로 두 사건의 시간차도 58년입니다.

게다가 가라타니 씨는 말하고 있지 않지만 가토 노리히로加藤典洋는, 옴진리교 사건과의 관계에서 중요한 것은 1972년의 연합적군사건4)이라고 말합니다. 옴진리교 사건이 일어났을 때 많은 사람들은 연합적군사건과의 유사성을 직감적으로 언급했습니다. 이 연합적군사건으로부터 62년 전인 1910년에 대역사건이 있었습니다. 가토 씨의 해석에 따르면 대역사건과 연합적군사건은 같은 사상적 의미를 가집니다. 둘 다 어떤 종류의 '반체제'적 의미를 환기시키고 사람들에게 강한 폐쇄감을 안겨주었습니다. 두 사건은 유사하며 서로 비교할 수 있는 사상적인 효과를 가지고 있다는 것이 가토 씨의 생각입니다. 여기에도 약 60년이라는 간격이 있습니다.

이런 대응을 지나치게 세부적으로 추구해도 무의미합니다. 여기서 말하고 싶은 것은 유사한 사건이 과거에도 있었다는 점이 아니라, 이러한 대응이 시스템적이라는 것입니다. 즉 정말로 대응하고 있는 것은 두 개의 사건이 아니라 두 사건의 기간입니다. 그렇다면 어떤 '기간'을 끄집어낼 것인가가 중요해집니다. 그럼 각각에 대응하고 있는 하나의 기간이란 어떤 기간일까요?

---

4) 연합적군사건 : 연합적군은 1971년부터 1972년까지 활동했던 일본 신좌익 테러 조직. 산악베이스(山岳ベース) 사건과 아사마 산장(あさま山荘) 사건을 가리킨다. 도주 중이던 연합적군의 잔여 멤버들이 1972년 2월 나가노현에 있던 아사마 산장을 점거, 인질을 삼고 농성을 전개했으나 검거되었다. 그런데 이들을 심문하는 과정에서 인민재판이라는 명목으로 12명이 집단구타에 의해 사망한 일이 새롭게 밝혀지는데 이것이 산악베이스 사건이다.

이는 말할 것도 없이 쇼와 45년 이후의 시간, 즉 아직 끝나지 않은 60년간입니다. 이 대응의 관계에서 볼 때 지금은 요컨대 쇼와 초기에 해당합니다. 즉 2·26사건이 일어난 직후 정도의 시기에 해당합니다. 제가 앞서 현재가 전전에 해당한다고 말한 것은 이런 의미입니다.

현재를 전전이라고 판단하는 시간 간격은 전후를 하나의 단위로보는 것, 다시 말해 아직 끝나지 않은 시간의 단위로 보는 관점에서나온 것입니다. 그렇기 때문에 '전후'라는 시간을 구분 짓는 방법에의미가 있다고 저는 말하고 싶었던 것입니다.

'쇼와'라는 표현

지금부터는 '연호'에 관해 이야기하고자 합니다. 이것은 '쇼와·메이지 평행설'에서 가라타니 고진이 그 서두에서 지적하고 있는것입니다. 오늘 여기에 다양한 연령대의 분들이 계시는데, 저는 쇼와 33년(1958)에 태어났습니다. 쇼와 30년대라는 말은 자주 합니다. 그러나 쇼와는 64년(1989)까지 있지만 쇼와 50년대라든가 쇼와 60년대라는 말은 거의 하지 않습니다. 쇼와 40년대라는 것은 미묘한부분이 있지만 50년대보다는 훨씬 자주 사용합니다. 반면 30년대와비교해 보면 거의 사용되지 않는 편입니다. 중간 정도라고 보시면됩니다.

'~년대' 등과 같이 10년을 주기로 시간을 구분하는 방법은 편의의 문제라고 생각할지도 모르겠습니다. 하지만 그렇지 않습니다. '쇼와 30년대'라는 표현이 사용된다는 것은 이를 통해 우리들이 하나의 시대에 대한 이미지를 갖기 때문입니다. 즉 그런 구분 방법에는 뭔가 공동주관적인 의미가 있는 것입니다. 반면 쇼와 50년대라는 구분 방식은 우리들에게 어떤 이미지도 주지 못합니다. 그 대신 우리는 1970년대라든가 80년대라고 합니다. 현재도 1990년대라고 말합니다. 쇼와 30년대라는 말에는 리얼리티가 있는데, 왜 쇼와 50년대에는 리얼리티가 없는 것일까요? 쇼와 40년대는 중간 정도의 리얼리티가 있습니다. '중간 정도'라는 것은 구체적으로 아마도 쇼와 45년까지라면 쇼와 40년대라는 말이 의미를 갖지만, 쇼와 40년대 후반에는 더 이상 쇼와 40년대라는 구분법이 의미를 잃게 된다는 것입니다. 그렇기 때문에 예를 들어 1972년(쇼와 47년)에 일어난 연합적군사건은 쇼와 40년대의 사건이라기보다는 역시 1970년대 초반의 사건으로 생각하게 됩니다.

이것의 의미를 좀 더 생각해 보고 싶습니다. 무슨 말인가 하면, 당연하게도 쇼와라는 말은 일본에서밖에 통용되지 않습니다. 따라서 쇼와 30년대라는 이미지를 가질 수 있는 것은 일본인이거나 일본에 깊은 관계가 있는 사람뿐입니다. 쇼와 30년대는 그런 공동성의 단위로 사고할 때 의미가 있습니다. 그런데 쇼와 50년대라는 말에는 그다지 의미가 없습니다. 왜냐하면 쇼와 50년대를 살고 있던 사람들은 자신이 일본에 속해 있다는 자각이 매우 희박했기 때문입니다. 다른 한편, 1970년대와 1980년대라는 표현은 전 세계 규모로 통한다고 간주되기 때문에 이 표현을 사용할 경우 자신은 일본보다 넓은 세계, 즉 지구 규모의 세계에 속해 있다는 감각이 전면에 나오게 됩니다. 바꿔 말하면 자신이 일본인이라는 것은 물론 알고 있지만 그것에 특별한 의미를 발견할 수 없게 되었을 때, 19××년대라는 표현이 되는 것입니다.

이것은 이렇게 생각하면 됩니다. 예를 들어 여러분이 어느 현縣의 사람으로서 그 현이 성립된 이후 몇 년이라는 방식으로 자신의 인생을 되돌아보는 것은 큰 의미가 없을 것입니다. 그것은 자신이 어떤 현 출신이라는 것을 물론 알고는 있지만, 그런 현 단위의 공동성을 자신의 아이덴티티identity의 요소를 이루는 핵심적인 것으로 생각하지도 않고 거기에서 어떤 의미도 느끼지 않기 때문입니다.

그렇기 때문에 쇼와 30년대라는 것은 이른바 일본인이 일본인이라는 자각 아래서 살고 있다는 말이 됩니다. 그런데 쇼와 45년(1970) 정도를 경계로 이런 시대 구분은 의미를 잃게 됩니다. 즉 자신이 일본인이라는 것이 많은 일본인들에게 파생적인 의미밖에 갖지 못하는 시기가 쇼와 45년을 경계로 일어나고 있는 것입니다. 그래서 쇼와 50년대, 60년대라는 말은 없는 것입니다.

근대의 천황

그럼 이런 시각을 앞서 언급한 대로 전전 60년간에 투영해 볼 경우 어떤 것을 이야기할 수 있을까요?

예를 들어 천황, 즉 근대 천황제라는 것을 생각해 봅시다. 이때 매우 중요한 의미를 가지게 되는 것은 물론 메이지천황입니다. 그리고 쇼와천황의 리얼리티도 강렬합니다. 그러나 그 사이에 있는 다이쇼 천황은 실재감이 매우 희박합니다. 이것은 다이쇼 천황이 여러 가지 심신상의 문제를 안고 있었던 탓도 있지만, 다이쇼 천황이 그런 사실을 포함해 이른바 시대에 의해 밀려났다고 봐야 합니다. 다이쇼 천황의 실재성이 희박한 것은 우연 이상의 의미가 있습니다.

이것은 다음과 같이 말할 수 있습니다. 천황은 물론 일본에서만 의미를 가집니다. 메이지천황의 리얼리티가 강렬한 것은, 즉 메이지 시대의—아마도 엄밀하게는 그 후반에—일본인이 일본인으로서의 자각을 강렬하게 느끼며 살아갈 수밖에 없었다는 것을 나타냅니다. 이에 반해 다이쇼 시대는 천황이 장식에 지나지 않는다는 느낌을 받는 시기입니다. 예를 들어 다이쇼 시대의 가장 중요한 시대사조는 민본주의입니다. 민본주의와 민주주의는 어떻게 다를까요? 민본주의라는 것은 요컨대 군주를 받드는 민주주의라는 것입니다. 이런 주장이 통한다는 것은 거꾸로 말하면 군주를 받들고 있으면서도 통상의 공화제적인 민주주의인 것처럼 행동하는 것이 가능하다는 것입니다. 즉 군주가 없는 것처럼 해 갈 수 있다는 뜻이지요.

다이쇼 시대에 천황이 존재하지 않은 것처럼 느껴지는 사실은 앞서 말한 쇼와 50년, 60년이라는 표현에 그다지 리얼리티가 없다는 것과 유사한 의미를 갖습니다. 실제 60년의 주기를 대응시켜 보면 쇼와 50년대, 60년대라는 것은 바로 '다이쇼'에 해당합니다. 천황은 명백하게 일본 네이션의 범주 안에서만 의미를 갖는 모티브이기 때문에 다이쇼 시대는—쇼와 50년대·60년대를 살고 있었던 사람들의 경우와 마찬가지로—어떤 의미에서 일본인이라는 귀속보다도 우선 코스모폴리탄적인 '시민'으로 살고 있는 듯한 감각이 전면에 나온 시대라고 말할 수 있습니다.

이렇게 보면 이른바 글로벌라이제이션globalization이 진전되고 일본인이라는 자각의 의미가 상대적으로 저하되어 가는 상황을 상정할 수 있는데, 사실 이것은 그리 단순하지 않습니다. 다이쇼 시기 뒤에 쇼와가 이어지는데, 그때 쇼와유신5)기昭和維新期라는 것이 있습니다. 즉 일본의 파시즘이 등장하게 되는 것이지요. '제국신민'이라는 것이 사람들의 의식을 맹렬하게 지배했던 시기입니다. 쇼와천황의 실재감은 이것의 반영입니다.

그렇다면 우선 메이지라는 시대는 일본인이라는 자각이 매우 의미가 있었던 시대였고, 그 후에 다이쇼라는 일본인이라는 의미가 현저하게 약화되는 시기가 오고, 그 다음에 어떤 이유에선가 다시 일본인이라는 의미가 사람들을 강하게 사로잡는 시기가 오는 것입니다. 이러한 세 단계를 밟게 됩니다.

이것을 좀 더 정치사상적 용어로 말하자면, 이토 히로부미伊藤博文가 만든 메이지의 국가 체제는 일반적으로 '천황의 국민'으로 표현할 수 있습니다. 이에 대해—히사노 오사무久野収 씨가 지적한 것이지만—파시즘의 사상적 수령이었던 기타 잇키가 생각한 것은 이토의 규정을 뒤집은 것입니다. 즉 이토 히로부미의 체제를 최대한 이

---

5) 쇼와유신 : 쇼와유신이란 1930년대의 국가주의 세력이 주창한 국가혁신의 표어.

용하여 '천황의 국민'을 '국민의 천황'으로 역전시키는 것이 2·26
사긴을 이끈 기타 잇키 사상의 핵심입니다. 그리고 지금 보게 되는
것은 실은 그 '천황의 국민'과 '국민의 천황' 사이에 '천황 없는 국
민'(다이쇼 시대)이라는 것이 들어간다는 것입니다. 말하자면 '천황
의 국민'이 있고, 일단 '천황 없는 국민'이라는 형태로 (사람들의 의
식 속에서) 천황의 배제가 있은 다음에 천황이 다시 '국민의 천황'이
라는 역전된 규정 속으로 회귀하는 구조로 나타난다고 저는 생각합
니다.

일본인으로의 회귀

그럼 이제 우리가 살아가는 시대를 되돌아봅시다. 쇼와 50년대,
60년대라는 말에는 그다지 의미가 없습니다. 즉 이 시기는 일본인
이라는 것이 그다지 중요하지 않다는 감각을 가진 사람들이 다수를
점했던 시기입니다. 자신은 물론 일본어를 말하고, 일본 국적을 가
지고, 이 나라의 법률이라든가 안전에 혜택을 받고 있다는 것은 틀
림이 없지만, 그것들은 매우 우유적偶有的[6])인 것—자기 자신의 아
이덴티티에서 어떠해도 상관없는 것—에 불과하다는 감각이 지배
적인 시대였습니다. 그것이 1970년대, 특히 1970년대 후반부터 80
년대까지라고 생각합니다.

---

6) 우유적 속성(偶有的 屬性) : 철학에서, 어떤 사물을 생각할 때에 본질적으로 그것이 없어도
  무방한 성질 ↔ 본질적 속성.

그런데 현재는 어떠한가 생각해 보면, 80년대 말기 이후로 일본 사상의 문맥 속에서 일본인이라는 자각이 매우 중요한 의미를 가지기 시작했습니다. 어쨌든 일본인이라는 공동성의 자각이 전면에 나오는 것입니다. 전후 속에서 '일본인'이라는 공동성의 감각이 회귀하는 방식은 마치 '천황의 국민'이 '천황 없는 국민'을 경유하여 '국민의 천황'으로 돌아온 때와 마찬가지의 궤적을 그리고 있는 것은 아닐까요?

이를 보여주는 구체적인 사례를 들면 여러분도 잘 알고 계시는 종군위안부 문제입니다. 종군위안부를 둘러싼 논쟁에서 각 진영의 옳고 그름을 논하는 것이 여기에서의 과제는 아니므로 그것은 접어두고, 이 논쟁을 이른바 '정신분석'해 보고자 합니다. 그럼 다음과 같이 말할 수 있습니다. 역사교과서를 다시 쓰자, 즉 종군위안부에 관한 기술을 삭제해야 한다고 주장하는 사람들이 있습니다. 이들이 목표로 하는 것은 일본이라는 것, 일본인이라는 공동성으로 동일화하는 것입니다. 즉 일본인이라는 것으로 회귀하고 싶다는 것입니다. 일본인이라는 동일성으로 회귀하기 위해 지금은 타국이 된 영역의 종군위안부를 능욕했던 사실을 말소해 두고 싶은 것입니다. 말하자면 종군위안부 문제는 과거의 성범죄와 같은 것입니다. 성범죄는 통상의 범죄와는 달리 그 법적인 경중과는 별도로 강한 수치심을 환기시킵니다. 보통 범죄의 경우, 예를 들어 특별히 그것이 확신범적으로 일어났을 때 범죄자는 때에 따라서 그것을 일부러 감추려고 하지 않습니다. 그러나 성범죄의 경우에는 비록 경미한 범죄일 경우라도 감추고 싶어 합니다. 즉 성적인 것은 자신의 내적인 비밀이며, 자기 자신의 내적인 본성과 같은 것이어서 결코 겉으로 드러내 동일화 할 수 없는 부분을 구성합니다. 종군위안부 문제는 일본인이라는 아이덴티티 속에서 그러한 동일화 할 수 없는 내밀한 부분에 해당합니다. 그래서 적어도 그것을 빼두지 않으면 일본인이라는 공동성에 귀속의식을 가질 수 없다는 것입니다.

한편, 종군위안부 문제를 매개로 아시아에 대한 일본의 전쟁 책임을 묻는 쪽에서도 역시 일본인이 되는 것이 중요합니다. 왜냐하면 어떤 형태로든 전생 책임을 시거나 사죄하기 위해서는 그에 앞서 자신이 일본인이어야만 하기 때문입니다.

그렇기 때문에 종군위안부 문제가 급격히 시대의 이슈가 되는 것은 일본인이라는 자각이 절박해지는 시대 배경과 관계가 있습니다. 덧붙여 저는 이런 식의 전환이 전전에도 있었다는 것을 마지막으로 말해두고 싶습니다.

2.
전쟁과 패전

가토 노리히로의 '패전후론'

여기에서는 전후 혹은 전후사상이라는 틀에서 생각하는 것의 근거는 어디에 있는가에 대해 말해 두고자 합니다.

우선 전후를 생각하기에 앞서 잠시 전쟁에 대해 언급해 두고 싶습니다. 전쟁이란 무엇인가라는 문제와 관련시켜 전후를 생각해 보겠습니다. 여러분도 알고 계시겠지만, 가토 노리히로 씨는 1995년 이후 전쟁 특히 패전이나 종전에 대해 여러 글을 썼습니다. 특히 95년에 쓴 논고가 반향을 일으키며 큰 화제가 된 적이 있습니다.

찬반의 문제를 접어둔다면 저는 가토 씨가 중요한 문제제기를 했다고 생각합니다. 그는 95년에 '패전후론敗戰後論'을 썼습니다. 그리고 96년에는 『군상群像』에 '전후후론戰後後論'을 썼습니다. 그리고 최근 『중앙공론』에 '말하기의 문제語り口の問題'라는 논고를 썼습

니다. 그런데 뒤로 갈수록 이해하기 어려워지는 경향이 있습니다. 특히 처음에 나온 '패전후론'이 큰 반향을 일으켰습니다. 물론 그 반향이라는 것도 대부분은 부정적인 반향이었습니다. 비록 부정적이기는 했지만 반향의 파장이 그의 논고가 던진 충격을 보여줍니다. 저는 '패전후론'이 나오고 얼마 되지 않아, 자신이 읽은 글 가운데 가토 씨의 글처럼 화가 나는 글은 없었다고 말하는 사람을 만났습니다. 즉 그의 글은 많은 일본인에게 매우 민감한 부분―어떤 불쾌한逆鱗과 관련되는 부분일지도 모르겠습니다―을 긴드리고 있습니다. 간단히 말하자면 '패전후론'은 '벌거벗은 임금님'에 나오는 아이들과 같이 모두가 알고 있거나 혹은 느끼고 있으면서도 입으로는 말할 수 없었던 것, 아니 말하지 않았던 것을 분명하게 말해버린 점이 있습니다.

반향 속에서 비교적 제대로 된 논고는 주로 비판적·부정적인 것입니다. 그 대표는 다카하시 데쓰야高橋哲哉[7] 씨의 것입니다. 비판하는 측에서는 다카하시 씨를 포함해 몇 명이 비교적 긴 논고를 썼습니다. 반면 가토 씨의 것에 긍정적으로 반응한 측에는 그것에 필적할 만한 논고가 거의 보이지 않습니다. 따라서 비판하는 측에는 그 비판의 바통을 받아서 달려줄 사람이 많지만, 가토 씨는 아무리 달려도 바통을 받아줄 사람이 없는 채로 혼자서 달리기를 계속하는 애처로운 주자와 같은 느낌을 줍니다.

---

7) 다카하시 데쓰야 : 1956~. 도쿄대 교수로 철학 전공. 전후책임론에 대한 연구를 하고 있는 현대 일본의 대표적인 비판적 지식인. 이른바 역사수정주의자들과 역사인식에 관한 논쟁을 전개한 바 있다. 대표적인 저서로 『전후책임론』, 『교육과 국가』, 『야스쿠니문제』 등이 있다.

결론적으로 저도 가토 씨의 주장에 찬성할 수 없습니다. 매우 중요한 부분에서 다른 입장을 가지고 있습니다. 그렇지만 가토 씨의 주장에 대한 지금까지 나온 대부분의 반론은 무효라고 생각합니다. 왜냐하면 그것은 가토 씨의 주장이 제기되기 전부터 존재했던 입장에 의한 반론이기 때문입니다. 그것은 익숙한 논의라는 인상을 지울 수 없습니다. 반론을 하려 한다면 가토 씨의 주장에 반대하는 편까지도 겨냥하는 입장에서 해야만 합니다.

전후의 박명薄明

그러나 여기에서 '패전후론'을 평가하려는 것은 아닙니다. '패전후론'이 아니라 그가 그 이후에 쓴 '전후후론'이란 논문—이것들은 '패전후론'과는 달리 거의 언급되지 않았습니다만—이 저에게는 매우 흥미롭습니다. 이 '전후후론'은 매우 난해한 문장으로 되어 있는데, 다자이 오사무太宰治8)에 관해서 쓰고 있습니다. 이 글은 다음과 같은 것을 문제시합니다. 다자이 오사무는 물론 전쟁을 경험했습니다. 그는 전쟁 중에 전쟁에 관한 약간의 글을 쓰고 있지만, 전후가 되어서는 거의 한 편도 쓰지 않았습니다. (실은 하나 정도 예외는 있습니다만) 이 말은 단지 전쟁에 관해 쓰지 않았다는 것이 아닙니다. 여

---

8) 다자이 오사무 : 1909~1948. 소설가. 본명은 쓰시마 슈지(津島修治). 도쿄대학 불문과 중퇴. 재학 중에는 좌익 운동에 참가하였다가 후에 이탈하였으나, 그 좌절감을 평생토록 떨치지 못하여 그의 작품에 영향을 남겼다. 전시에는 일본낭만파에 속하기도 하였다. 대표작으로는 『사양(斜陽)』, 『만년』, 『인간실격』 등이 있다.

기에는 좀 더 깊은 사상적 의미가 있습니다.

예를 들어 여러분들도 아시다시피 전후 일본의 문학을 생각할 때 우선 전후문학이라는 것이 있습니다. 전후문학의 범주에 들어가지 않는 사람으로 무뢰파無賴派9)가 있습니다. 별도의 의도 하에 만들어진 그룹은 아니지만 어쨌든 전후파와는 약간 다른 그룹으로, 통상 다자이 오사무는 그 일원으로 간주됩니다. 무뢰파의 전쟁에 대한 태도는 전후파와 약간 다른데, 그중에서도 다자이는 두드러집니다. 같은 무뢰파로 분류되는 사카구치 안고坂口安吾10)와 이시카와 준石川淳11)과 비교해도 다자이의 태도는 전혀 다르다는 점에 가토 씨는 주목합니다.

사카구치와 이시카와는 전후가 되자 이른바 전후의 바람을 타고 글을 썼는데, 이 두 사람이 전후에 들어서서 전쟁에 관해 쓴 글과 소설을 읽어보면, 예를 들어 사카구치의 '속 전쟁과 한 사람의 여자續戰争と一人の女'와 '무진등無尽燈' 등은 꽤 걸작이지만 이런 것이 전후가 아니라 전시 중에 쓰였다면 더욱 훌륭한 것이 됐을 거라고 가토 씨는 말합니다. 즉 이 글들은 전후의 바람을 타고 나왔는데 갑작스

9) 무뢰파 : 다자이 오사무, 이시카와 준, 사카구치 안고 등이 속해 있었다. 무뢰파는 패러디, 자학과 풍자 등을 소설의 특징으로 삼았으며, 신희작파(新戲作派)라고 불리기도 한다.

10) 사카구치 안고 : 1906~1955. 문학가. 본명은 사카구치 헤이고. 전후 일본 사회의 혼란과 퇴폐를 반영한 작풍을 확립하였다. 다자이 오사무와 오다 사쿠노스케 등과 함께 전후 일본 문학을 대표하는 무뢰파 작가로 간주된다. 대표작으로는 『타락론』 등이 있다.

11) 이시카와 준 : 1899~1987. 소설가이자 문예비평가. 반리얼리즘, 반사소설(私小說)적 작품을 통해 일본현대문학의 새로운 영역을 개척한 작가로 평가되고 있다. 획기적인 현대문학을 썼다. 무뢰파(無賴波)의 일원으로 패전 직후 특히 젊은 독자들에게 압도적인 영향을 끼쳤다. 대표작으로는 『보현(普賢)』, 『매』, 『산호』 등이 있다.

럽게 주어진 전후라는 사회를 자신의 공적으로 해 버린 듯한 인상이 있다는 것입니다.

반면 다자이는 그런 인상을 주지 않는다고 가토 씨는 주장합니다. 가토 씨는 매우 독특한 비유를 사용하여 다음과 같이 설명합니다. 전전과 전후 사이에 이른바 수문이 있고 그 수문을 열면 보통은 거기에 물이 들어온다. 건조해진 지면에 점점 물이 찬다. 이것이 전후라는 바람을 탔다는 것입니다. 그런데 다자이만은 그렇지 않다고 합니다. 수문을 열어도 수면이 미동도 하지 않는다는 것입니다. 처음부터 같은 높이라는 것이지요. 즉 다자이만이 수문을 열어도 전혀 수면이 상승하지 않는 느낌을 주고 있다는 것입니다. 거꾸로 말하면 다자이는 전시 중에 쓸 수 있었던 것 이상의 것을 전후에도 쓰려고 하지 않았다는 것입니다. 일부러 전후에도 전시 중에 쓸 수 있었던 것만을 계속 써 가는 선택을 했다고 진단합니다.

이상이 가토 씨의 주장입니다. 저는 이 의미를 뒤집어보고 싶습니다. 앞서 말한 바와 같이 사카구치 안고도 이시카와 준도 혹은 전후파의 문학자라면 더욱 그렇겠지만, 전후라는 공간은 소설이라는 형식이든 평론이나 논문과 같은 형식이든 사상의 표현을 보다 용이하게 하는 조건을 갖추고 있습니다. 즉 사상의 표현이 전시 중보다 훨씬 수월하게 되었습니다. 이것은 전쟁 시에는 사상탄압이 있었기 때문에 매우 힘들었다는 의미가 아닙니다. 예를 들어 사카구치 안고와 이시카와 준 같은 사람들은 특별히 사상탄압을 두려워했던 사람들이 아닙니다. 하지만 그런 사람들에게도 전후라는 공간은 사상 표현에서 하나의 순풍과 같은 역할을 했습니다. 전후라는 공간에는 사상 표현을 용이하게 하는 구조가 놓여 있다는 것입니다.

바꿔 말하면 진쟁은 사상 표현의 곤란함으로 체험됩니다. 그것도 언론탄압과 같은 외적인 것이 아니라 내적으로 사상을 표현하는 데에 본질적인 곤란함으로 나타납니다. 가토 씨가 말하고 있는 것처럼 만약 다자이 오사무의 수면이 조금도 움직이지 않았다면 다자이가 전쟁 중에 있었던 사상 표현의 곤란함을 전후에도 그대로 유지했다는 뜻이 됩니다. 전쟁은 사상 표현의 곤란함으로 혹은 나아가 사상 표현의 불가능성으로 체험되는데, 이 곤란함과 불가능성을 전후에도 일부러 견지하는 태도, 이것이 다자이가 선택한 스타일입니다.

한 가지 사례를 더 들어 보겠습니다. 다자이에게 '박명薄明'이라는 제목의 단편소설이 있습니다. 이것은 쇼와 21년(1946) 11월에 발표된 작품으로 그가 전후에 쓴 유일한 전쟁소설입니다. 여기에는 아마도 다자이 자신을 투영한 듯한 주인공이 시골로 피난 가 있을 때의 일이 쓰여 있습니다. 모처럼 한적한 시간을 보내고 있는데 거기에서도 공습을 만나게 됩니다. 그때 주인공의 딸이 악성 결막염에 걸려 눈을 뜰 수 없게 됩니다. 억지로 눈을 뜨게 하자 눈이 잘 안 보이는 상태가 되어 빨리 의사에게 가야만 했습니다. 그러나 공습이 시작돼 버렸습니다. 우여곡절 끝에 의사에게 데려가서 실명만은 면하게 됩니다. 이것이 스토리입니다.

물론 '박명'이란 제목은 눈이 보이지 않게 되어 버린 딸의 시각이 어둠에 던져져 있다는 것을 직접적으로 의미하고 있습니다. 그러나 그뿐만이 아니라 여기에는 우의가 포함되어 있습니다. 사상이라는 것은 지금 현재 자신이 무엇을 체험하고 있는가를 표현해야만 합니다. 그런데 전쟁 중이란 지금 자신이 무엇을 체험하고 있는가에 관해서 말한다면 이른바 박명薄明, 즉 희미할 뿐입니다. 이런 것을 함의하고 있는 것은 아닐까요? 즉 여자아이의 눈이 보이지 않는 상태라는 것의 의미는 전쟁 중 사상 표현의 곤란함을 나타내고 있다고 생각합니다.

이 소설은 실명을 면한 딸과 주인공이 폐허가 된 피난처의 마을을 바라보는 가운데, 여자아이가 "모두 타버렸네"라고 말하며 미소 짓는 장면으로 끝납니다. "모두 타버렸네"라고 말하며 미소 짓는 이러한 결말은 모두 타버렸다는 것이 어느 정도의 의미를 갖는지 오히려 반어적으로 느끼게 합니다. 전쟁에 의해서 혹은 전쟁이 종결되는 것에 의해 뭔가 모든 것이 결정적으로 변했다는 것에 대한 안티테제로서 모두 타버렸다는 것을 가벼운 미소와 함께 흘려버리는 태도도 있는 것은 아닐까요? 이 소설은 박명의 상태가 치료에 의해서 생리적으로는 없어지지만 본질적인 정신의 조건으로서는 여전히 계속되고 있다는 것, 혹은 그것을 유지해 가고자 한다는 결의의 표명으로서 읽는 것도 가능하다고 생각합니다.

도카통통

덧붙여 가토 씨는 '전후후론' 속에서 다자이의 작품을 연대순으로 읽어갈 때 곤란한 작품이 하나 있다고 말합니다. 그것은 쇼와 22

년(1947)에 쓰인 '도카통통トカトントン'이라는 제목의 소설입니다. 이것은 특이한 소설로 서간체 형식으로 되어 있습니다.

소설에 대응하는 현실(모델)이 있어서 그것을 각색한 소설처럼 보이는데, 다자이라고 생각되는 주인공 작가가 어떤 독자로부터 편지를 받는다는 형식입니다. 그 편지에는 전쟁이 끝난 이후, 즉 옥음방송玉音放送[12]이 있었던 그날 이후 어떤 것에 신경증적으로 시달린다는 내용이 쓰여 있습니다. 편지의 필자는 이전에 병사였는데 그의 상관은 방송을 듣고 '지금의 전쟁은 정치적으로는 끝났지만 나는 아직 본질적으로 전쟁을 계속하고 있다', 즉 전쟁의 종언을 결코 인정하지 않는다는 태도를 취합니다. 그런 상관의 태도를 매우 고결하다고 느끼는 병사는 감명을 받습니다. 그러나 그때 갑자기 도카통통이라는 쇠망치 소리가 들려옵니다. 그 이후 이 병사는 뭔가를 열심히 하려고 하면 약간 열이 오르면서 갑자기 도카통통이라는 소리가 들려와 순식간에 정열이 식어버립니다. 예를 들어 우체국 직원으로 열심히 일을 해도, 연애를 해도, 갑자기 도카통통이라는 소리가 들려와 일에 대한 열의도 연애 감정도 사라져 버립니다. 그리고 무엇을 읽어도 특히 그것이 진지한 이야기일 경우 언제나 도카통통이라는 소리가 들려옵니다. 최근에는 '당신의 소설', 아마도 다자이의 소설일 텐데, 이것을 읽을 때에도 도카통통이 들려옵니다. 무엇을 읽어도 도카통통이라는 잡음이 들려와 그것을 이해하거나

---

12) 옥음방송 : 일본어에서 옥음(玉音)은 천황의 육성을 일컫는데, 일반적으로 1945년 8월 15일 정오에 라디오에서 방송한 쇼와천황의 종전을 알리는 조서(詔書)를 옥음방송이라 말한다. 방송 내용은 태평양전쟁에서 일본이 항복했음을 국민에게 알리는 것이었다.

진지하게 받아들이는 것이 어렵다는 고민이 담긴 편지가 옵니다.

이에 대해 다자이라고 생각되는 주인공의 답신은 매우 간단명료합니다. "그런 증세를 저는 동정할 수 없습니다"라고. 이런 내용의 답신을 성서의 한 구절을 인용하여 보냅니다.

이 소설은 가토 씨의 주장에 결정적인 곤란을 안겨줍니다. 가토 씨의 말대로 만약 다자이가 사상을 표현하는 것의 곤란함을 전시 중에 체험하고 그 곤란함을 전후에도 지속시키는 것에 뭔가 의미를 발견했다면, 정말 그렇다고 한다면 이 소설은 어떻게 생각해야 할까요? 이 경우에 다자이는 도카통통이라는 잡음 쪽으로, 도카통통이라는 잡음으로 인한 증세 쪽으로 개입해야 하는 것이 아닐까요? 어떤 훌륭한 사상과 이념도 도카통통이라는 쇠망치 소리가 되어 버립니다. 도카통통이라는 잡음은 사상을 올바르게 그리고 정당한 사상으로서 표현하고 나아가 실천하는 것에 대한 장애로 나타나고 있습니다. 다자이가 이 장애물을 그대로 받아들이는 사람이라면 그는 그 사람을 지지해야만 하고, 그 사람을 외면하는 듯한 말을 해서는 안 된다고 생각합니다.

아마도 다자이 자신의 태도 속에 미묘한 동요가 있었다고 생각합니다. 이 소설의 마지막은 주인공의 짧은 답변보다도 도카통통의 증세에 관한 기술 쪽에 훨씬 리얼리티가 있는 것처럼 쓰여 있습니다. 그렇기 때문에 다자이가 심정적으로 개입하고 있었던 것은 원래는 도카통통이라는 증상 쪽이 아니었을까 하는 인상을 받습니다. 그러나 최후에 언어화된 결단은 이와 반대입니다. 이 소설은 이런 인상을 주고 있습니다.

전쟁은 이렇게 사상을 표현하는 데에 쉽게 넘어설 수 없는 곤란을 가져오며, 그것을 전후에도 유시한 섯이 다자이라고 가도 씨는 진단하고 있습니다. 덧붙여 가토 노리히로는 또 한 사람, 즉 『호밀밭의 파수꾼』이라는 작품으로 유명한 샐린저Jerome David Salinger를 높게 평가하고 있습니다. 그를 전쟁소설가로 보고 있는 것입니다. 전쟁소설가란 전쟁에 대해 썼다는 것이 아니라 전쟁 속에서 계속 써 왔다는 것을 의미합니다. 『호밀밭의 파수꾼』도 그렇습니다. 가토 씨는 샐린저를 매우 높게 평가하면서 여러 이야기를 하는데 여기에서는 다른 소설 하나만 소개해 두고자 합니다.

샐린저의 단편소설 『마지막 휴가의 마지막 날』 속에서 주인공은 이렇게 말합니다. 이 주인공은 제2차 세계대전에 참전했던 것으로 보이는데 잠시 고향으로 돌아옵니다. 그리고 내일 있을 출병을 앞두고 가족들과 만찬을 갖습니다. 그의 아버지는 제1차 세계대전의 경험자 같은데 아무렇지도 않게 그때의 이야기를 합니다. 이에 대해 주인공은 침묵으로 대한 후 다음과 같이 말합니다. "아버지, 건방진 말이지만 때때로 아버지는 전쟁 이야기를 할 때—아버지 연령의 사람들은 모두 그렇지만—마치 전쟁 덕분으로 청년들이 어른으로 성장했다는 말처럼 들립니다.…… 모두 전쟁은 지옥이었다고 말하지만 그래도—모두 전쟁에 갔던 것을 조금은 자랑하고 있는 듯이 보입니다"라고. 그리고 "이전의 전쟁이든 이번 전쟁이든 거기서 싸운 남자들은 일단 전쟁이 끝나면 입을 다물고 어떤 일이 있어도 두 번 다시 그런 이야기를 해서는 안 된다"라고 덧붙입니다. 즉 전쟁에는 그것에 대해 말하는 것을 불가능하게 만드는 조건이 있고 그 조건은 전쟁이 끝나면 소멸합니다. 그러나 전쟁 중에 있었던 곤란한 조건을 견지하는 쪽이 중요하다는 식으로 이 소설을 읽을 수도 있습니다.

패전의 억압

전쟁은 자기 체험의 본질을 표현하는 데에, 바꿔 말하면 사상을 표현하는 데에 어려움으로서 존재합니다. 다자이와 샐린저 같은 작가는 이것을 우리들에게 보여주고 있습니다. 그러나 전쟁이 사상 표현의 곤란함과 불가능성으로서 체험되는 것은 왜일까요? 역으로 말하면 전쟁의 종언은 어째서 이러한 곤란함을 제거하는 것일까요?

종전은 사상 표현의 곤란함에 대한 '배제'로서 체험됩니다. 그런데 전쟁은 그 본성상 두 개의 입장으로 나뉩니다. 자신을 승리자 측에 속한 것으로 인식하는 입장과 패배자 측에 속하는 것으로 인식하는 입장입니다. 이 경우 곤란의 '배제' 방법은 승리자 측과 패배자 측이 다릅니다. 양쪽 모두 배제이기는 하지만 배제 뒤의 조작이 다릅니다. 즉 패배의 경우는 패배한 사실 자체를 억압하는 메커니즘이 추가적으로 작동합니다.

여기서 저는 정신분석 용어를 의식적으로 사용했습니다. 정신분석에서는 의식으로 올라오지 않는, 즉 의식적인 표상 속에 나타나지 않는 사실을 설명하는 두 종류의 심적인 조작이 있다고 합니다. 하나는 배제이고, 다른 하나는 억압입니다. 억압과 배제를 비교하면 물론 배제 쪽이 훨씬 철저한 것입니다. 즉 억압은 마음속의 표상으로서는 기술되지만 그 위에서 기술한 것을 무의식 쪽으로 눌러버리는 조작입니다. 반면 배제에서는 그러한 기술조차 일어나지 않습니다. 표상 속에 기술조차 일어나지 않는 것입니다.

전쟁은 그 이유를 알 수 없지만 표현의 불가능성으로 나타납니다. 그런 전쟁이 전후에 배제되는 것입니다. 즉 역사를 일종의 정신분석으로 간주한다면 전후의 역사 속에 전쟁 그 자체가 배제됩니다. 승리이건 패배이건 배제됩니다. 즉 전쟁이 마치 없었던 것처럼 뒤의 역사가 진행됩니다. 물론 전쟁 그 자체가 사실로서 있었다는 것은 기술되지만, 전쟁 속의 적나라한 체험―표현의 곤란함이 살아 있는 체험―은 마치 없었던 것처럼 간주됩니다. 그리고 이 배제된 것을 회복하려는 노력으로서 혹은 배제 그 자체에 저항하려는 노력으로서 샐린저와 다자이의 작업이 있었다고 생각할 수 있습니다.

정리하면 전쟁이란 단순한 배제이지만, 패배는 종종 배제에 억압이 가해지는 이중 조작입니다. 그런데 엄밀히 말해 종전과 패전에도 여러 가지가 있습니다. 여기에서 말한 것과 같은 배제와 억압의 효과가 극적으로 나타나는 경우는 전쟁이 세계대전과 같은 전면전쟁일 때 그렇습니다. 아마도 제2차 세계대전에서 일본의 패전은 이러한 것이었다고 생각됩니다. 독일의 경우도 보다 철저하게 같은 기제가 작동했다고 봅니다. 이렇게 저는 정신분석의 언어를 대응시켰는데, 생각해 보면 가토 씨가―'전후후론'이 아니라 최초에(1995년에) 쓴―'패전후론'에서 다루고 있는 것도 일본에서 일어난 패전의 억압을 둘러싼 문제입니다.

사람은 자신은 누군가라는 아이덴티티를 가집니다. 즉 사람은 누군가로서 존재하고 있습니다. 이러한 아이덴티티는 공동적인 관계성 속에서 부여됩니다. 그리고 공동적인 관계성 혹은 공동체는 누구에게나 제공되는 것으로서 존재합니다. 따라서 필연적으로 모든 사람의 아이덴티티는 과거의 조건, 즉 자신이 태어나기 이전의 과거 조건에 의해 규정됩니다. 누구라는 의식(아이덴티티)은 이미 주어져 있는―이미 결정되어 있는―공동적인 관계성을 받아들이는 것에 의해, 즉 과거의 것을 다시 선택함으로써 유지되기 때문입니다. 패전은 그런 과거의 조건, 즉 공동체의 표현을 구성하는 과거의 조건을 그의 선택에 의해 주어진 현재의 아이덴티티에서 되돌아볼 경우―요컨대 현재의 시점에서 되돌아볼 경우―그것이 전면적인 부정으로 나타나는 현상을 일으킵니다. 이것이 패전의 의미입니다.

　여기에는 자기부정의 구조가 있습니다. 현재의 아이덴티티가 과거에 대한 전체적인 부정적 조건에 의존하고 있기 때문입니다. 현재의 아이덴티티를 받아들이는 것은 그것을 긍정한다는 것을 함의합니다. 그런데 그 긍정이 동시에 그 아이덴티티의 부정이 되어 버리는 것입니다. 그렇기 때문에 이러한 자기부정의 구조는, 결국 자신의 아이덴티티의 일관성을 유지하려고 한다면, 패전은 어떤 일이 있어도 억압되어야만 합니다.

　패전이 자기부정적인 구조를 가지고 있다는 것을 좀 더 설명하고자 합니다. 예를 들면 여기에 계신 여러분 다수는 일본인으로서 안전하게 살고 있습니다. 그 '일본인이라는 것'을 규정하고 있는 과거의 조건이 있습니다. 현재의 시점에서 바라볼 때 부득이하게 과거의 조건에 대해 전면적인 부정을 강요하는 것이 패전이라고 해도 좋을 것입니다. 이러한 자기부정의 구조를 가토 씨는 '패전후론' 속에서 '뒤틀림'으로 표현하고 있습니다.

우리들은 일찍이 침략전쟁을 수행했던 나라에서 살고 있습니다. 물론 여기에 스스로 침략전쟁에 직접 참전한 사람은 없겠지요. 하지만 그 침략전쟁이라는 역사의 뒤에 형성된 조건을 우리들은 자신이 살아가는 전제 조건으로서 받아들이고 있습니다. 그렇다면 자신이 지금 살고 있다는 것, 혹은 자신이 누군기로서 지금 살고 있다는 것에 대한 조건의 하나로서 그 침략전쟁을 배제할 수 없습니다. 그런데 이 침략전쟁은 전쟁 당시에는 경우에 따라 의미가 있는 전쟁이라고 생각되기도 했습니다. 하지만 현재의 시점에서 보면 어떻게 보아도 정의롭지 못한 것으로 보입니다. 즉 어떻게 해도 전면적으로 부정하지 않을 수 없습니다. 그것이 패전이라는 것이라고 생각합니다. 이에 반해 같은 전쟁을 경험했어도 그것이 승리로 끝났다면 많은 희생자를 냈어도 이후에 긍정적인 의미를 부여하는 것이 가능합니다. 특히 저는 이런 승리자 측의 의미 부여에도 역시 어떤 종류의 자기기만이 있다고 보며, 샐린저가 전쟁의 추억을 말하는 아버지에게 위화감을 느낀 것도 그 때문이라고 생각합니다.

앞서 언급한 종군위안부 문제에도 그런 패전이 강요하는 자기부정의 구조가 관여하고 있습니다. 종군위안부의 기술을 교과서에서 삭제하고 싶다는 욕구는 패전이 강요한 자기부정의 구조에 대한 억압의 일환입니다. 교과서 다시쓰기 운동은 전쟁은 있었지만 패배한 적이 없었다는 것으로 하지 않으면 '일본인'이라는 아이덴티티를 형성하는 것이 불가능하다는 비명과 같은 것입니다. 여기에 이 문제와 관련해 각주적인 것을 덧붙이자면 전면적인 부정으로밖에 보이지 않는 것, 자신을 긍정적으로 인지할 수 없는 것에 아이덴티티가 의존하고 있다는 구조는 실은 아이덴티티 구성의 보편적 조건입니다. 이것의 분명한 예가—적어도 근대 이후는—'성적인 것'입니다. 성적인 것, 성적인 취미는 부끄럽고 따라서 어쩔 수 없이 부정적으로 보이지만 종종 자신의 중핵적인 부분을 차지하고 있는 듯이 느껴집니다. 이러한 자기부정 때문에 성적인 취미는 일반적으로 은폐됩니다. 패전은 이처럼 성적인 것에 관련되어 나타나는 자기부정의 구조와 같은 것을 현재화懸在化시킵니다. 침략전쟁에 관한 과거의 치욕—부정적인 자기상—이 특히 종군위안부라는 성적인 문제에 투영되는 것은 그렇기 때문에 이유가 있는 것입니다.

세계대전과 파시즘

앞서 전쟁은 표현하는 것의 불가능성 혹은 곤란함과 연결되어 있다고 이야기했습니다. 그렇다면 패전에 의한 억압 혹은 승리에 의한 배제라는 것은 사상 표현의 가능성을 회복하는 역사적 조작이라고 할 수 있습니다. 일본의 경우 패전에 의한 억압은 구체적으로는 미국에 의해 점령당했다는 사실로서 존재합니다. 여기서 우리가 물어야 할 것은 왜 종전 혹은 엄밀하게 말하면 종전(패전)의 억압이 전쟁 중에 있었던 사상 표현의 곤란함이라는 조건을 순식간에 해소시켜 버렸는가라는 문제입니다.

앞으로의 논의를 위해 보조적으로 하나만 말해두고자 합니다. 일본이 파시즘 시기였을 때, 독일에도 이탈리아에도 파시즘이 있었습니다. 문자 그대로의 파시즘은 이탈리아에 존재했지만, 일반 개념으로 파시즘을 생각할 때 가장 많이 인용되는 것은 주지하는 바와 같이 독일의 나치입니다.

독일의 파시즘은 다음과 같이 생각해 볼 수 있습니다. 독일은 제1차 세계대전의 패전국입니다. 즉 독일에는 패선이나 선쟁에 의해 강요된 곤란함이 있었습니다. 이는 앞서 말한 표현의 곤란함과 관계된 곤란함입니다. 파시즘은 이에 대항하는 하나의 방법이었을지도 모릅니다. 제1차 세계대전 이후의 독일 체제를 바이마르공화국이라 부릅니다. 이는 매우 민주적인 제도를 가진 국가였습니다. 그렇지만 그것을 실질적으로 부정하는 것으로 나치즘이 등장합니다. 바꿔 말하면 바이마르공화국에는 뭔가 한계가 있었던 것입니다. 그것은 이제까지 언급한 사상 표현의 불가능성과 관계가 있습니다. 즉 바이마르공화국은 이 불가능성을 완전히 해소하지 못했습니다. 파시즘이 처음으로 이것을 달성한 것이 아닐까요?

어쨌든 분명한 것은 바이마르공화국의 민주적인 체제에서 보면 제1차 세계대전은 순수하게 부정적인 의미밖에 없습니다. 즉 지금 말한 것과 같은 패전의 자기부정 구조가 존재합니다. 그러나 파시즘체제 아래에서는 이 부정성이 오셀로 게임처럼 반전해서 긍정적인 것으로 바뀝니다. 전쟁에서 무의미하게 죽은 전사들의 죽음이 갑자기 영광의 죽음으로 부활하는 것입니다.

3.
전후지식인과 미국

『세계』를 무대로 하여

여기에서는 주로 일본에 근거하여, 구체적으로 일본의 전후사상과의 관계 속에서 생각해 보고 싶습니다. 전후가 되어 개화한 사상의 담당자를 가리키는 말로서 우리들은 '전후지식인'이라는 말을 사용합니다. 그리고 전후지식인에 의해 주도된 대표적인 사상이 '전후민주주의'입니다.

그런 전후지식인이라든가 전후민주주의와 같은 사상 표현의 장을 제공한 것은 지금도 계속 출간되고 있는 이와나미岩波 서점의 『세계』13)라는 잡지입니다. 『세계』는 전후에 창간된 잡지입니다.

그런데 가토 노리히로는 이와나미 서점의 『세계』라는 잡지가 창

---

13) 세계 : 이와나미서점이 발행하는 혁신계 자유주의의 색채가 짙은 논단지. 1945년 12월 창간.

간했을 당시와 약간 이후에 출판된 것을 비교해 보면, 집필자 라인 업에 어떤 진환이 보인다는 점에 주목합니다. 『세계』 창간호에는, 예를 들어 미노베 다쓰키치美濃部達吉, 아베 요시시게安倍能成[14], 와 쓰지 데쓰로和辻哲郎[15]와 같은 저명한 지식인의 이름이 보입니다. 고대사를 연구하는 쓰다 소키치津田左右吉[16]와 같은 사람도 창간 직후에 글을 썼습니다. 그런데 이들은 당시에 이미 상당한 고령의 사람들입니다. 그런데 이들이 이른바 전후지식인이라 불리는 사람들로 교체되어 갑니다. 그 대표가 패전 51주년 기념일에 세상을 떠난 마루야마 마사오丸山真男입니다. 이때 창간 당시의 집필진에서 이른바 전후지식인으로의 조용한 전환을 이루었음에도 불구하고 잡지 스스로가 혹은 당시의 독자들은 그것을 자각하지 못했습니다. 가토 씨는 이것을 『세계』라는 잡지가 이른바 전후의 기만에―저의 언어로 말하면 앞서 든 '패전이라는 사실의 억압'입니다―가담한 것으로 해석하고 있습니다.

　구체적으로 말하면 이렇습니다. 초기의 집필진, 예를 들어 미노

---

14) 아베 요시시게 : 1883~1966. 철학자이자 교육가. 유럽 유학 뒤 경성제국대학 교수를 거쳐 전후에는 문부대신을 역임. 평화운동에도 참가하였으며 학습원대학의 원장으로도 재직했다. 대표적인 저서로 『서양근세철학사』, 『평화로의 염원』 등이 있다.

15) 와쓰지 데쓰로 : 1889~1960. 철학자, 윤리학자, 일본사상사가. 일본적 사상과 서양철학의 융합을 목표로 하여 동양의 도덕정신을 서구의 윤리사상과 결합시키려 하였다. 대표적인 저서로 『고사순례(古寺巡礼)』, 『윤리학』, 『풍토』 등이 있다.

16) 쓰다 소키치 : 1873~1961. 역사학자. 건국신화에 대한 신화적 해석에 반발하여 『일본서기(日本書紀)』, 『고사기(古事記)』를 근대적인 사료비판의 관점에서 연구하였다. 전시 중에는 우익으로부터 천황모독이라는 비판을 받기도 하였다. 진무(神武) 천황 이전의 신대사를 사료 비판한 『신대사연구(神代史の研究)』가 유명하다.

베 다쓰키치美濃部達吉[17]든 아베 요시시게든 이들은 요컨대 메이지기에 태어난 올드패션의 리버럴리스트liberalist입니다. 어떤 의미에서 모두 천황에 대해 사상적이라기보다는 개인적인 차원에서 경의를 가지고 있었습니다. 파시스트라는 의미는 아니지만 천황에 대해서 뭔가의 긍정적인 감정을 가진 리버럴리스트였습니다. 그리고 서서히 집필자가 이른바 전후민주주의를 담당하는 혁신파 리버럴리스트로 바뀝니다. 이것은 단순히 집필자의 세대가 노인 세대에서 젊은 세대로 옮겨졌다는 것이 아니라 좀 더 큰 분위기의 전환을 의미합니다.

예를 들어 쓰다 소키치도 제3호에 글을 썼습니다. 쓰다는 전장 중에 전쟁과 학문에 대한 당국의 탄압에 대항해서 실증적인 고대연구를 고수했던 지조 견고한 리버럴리스트입니다. 그는 편집부와 독자의 기대대로 전후의 리버럴한 기풍을 환영한다는 글을 씁니다. 그런데 다음호에 그가 낸 논문은 그 성격이 완전히 달라진 열렬한 천황 찬미의 글이었습니다. 이에 편집부는 놀라서 '매우 곤란합니다. 이것은 잡지에도 선생님에게도 원치 않는 결과를 초래할 우려가 있습니다'라는 편지를 보냅니다. 물론 쓰다 씨는 그것을 받고도 전혀 내용을 바꾸지 않습니다. 여기서 편집부가 보여준 태도가 바로 패전이라는 사실이 초래한 억압입니다.

---

17) 미노베 다쓰키치 : 1873~1948. 근대 일본의 대표적인 헌법학자. 도쿄대학 교수를 역임했으며, 천황기관설(국가법인설)을 주장하였다. 전쟁 시기 그가 주창한 천황기관설은 국체(國體)에 반하는 것으로 간주되어 1935년 이후 그의 저서는 발행이 금지되었고, 귀족원 의원도 사임하였는데, 이것이 소위 천황기관설 사건이다. 주요 저서로 『헌법촬요(憲法撮要)』, 『축조헌법정의(逐條憲法精義)』, 『일본국헌법원론』 등이 있다.

왜 쓰다는 여기에서 천황 찬미의 글을 썼던 것일까요? 만약 전후에 혁신파 리버럴리스트밖에 존재하지 않았고, 그런 태도가 지배적이었다면 이는 마치 일본인에게 처음부터 천황 따위는 어떻게 되어도 좋은 것이 되어 버립니다. 그러나 자신들이 과거 어느 시절에 비록 소극적이기는 했지만 뭔가를 위해 싸우고 이기려 했는데, 자신들의 싸움을 의미가 있는 것으로 만들었던 과거의 무언가가 지금은 쓰레기 취급을 받는 것이 패전이라는 것입니다. 일찍이 보물이나 귀중품으로서 간주되있던 것이 이세는 쓰레기가 되어 버렸나는 것. 여기에 패전이 초래한 억압이 있는 것입니다.

결국 쓰다 입장이란 지금은 쓰레기가 되어 버린 '그것'이 일찍이 보물이었다는 태도를 유지하는 것이며, 이것을 부정하면 현재 자신의 아이덴티티의 존립 근거도 부정하는 것이 되는 것에 대한 반발이라 할 수 있습니다. 패전의 억압이라는 것은 그것이 처음부터 쓰레기였다는 것과 같은 태도를 취하는 것입니다. 거꾸로 말하면 지금 말한 쓰다의 완고함 속에 억압을 회피하거나 혹은 억압에 의한 기만을 회피하기 위한 길이 있었을지도 모릅니다. 그러나 그 결정적인 기회를 놓친 『세계』는 1950년경까지 통상 혁신파 리버럴리스트, 혹은 민주파에 의한 잡지로 완전히 변합니다. 이것은 물론 『세계』에만 적용되는 것은 아닙니다. 오히려 당시의 논조는 모두 그렇게 변해가고 있었습니다.

메이지 태생

여기서 제가 주목하고 싶은 것은 왜 이런 것을 메이지 태생의 리버럴리스트가 수행했는가라는 점입니다. 다이쇼 태생―예를 들어 마루야마 마사오도 그렇습니다만―이나 쇼와 태생의 논객은 모두 전후민주주의파가 되어 갑니다. 그렇지만 쓰다와 같은 태도를 취한 리버럴리스트는 메이지 태생입니다. 가토 씨에 의하면 미노베 다쓰키치도 쓰다와 마찬가지로 메이지 태생입니다. 즉 메이지 태생의 리버럴리스트만이 종종 패전이라는 억압의 기제로부터 어느 정도 자유로웠다고 할 수 있습니다.

이것은 비록 추론에 불과하지만 전쟁이나 패전에 관계된 곤란함이 특히 다이쇼부터 쇼와에 걸친, 전개 속에 있었던 무언가와 관계가 있었다는 것을 시사합니다. 앞서 메이지, 다이쇼, 쇼와를 생각할 경우 대략적으로 천황과의 관계라는 시점에서 본다면 '천황의 국민'에서 '천황 없는 국민'을 거쳐 '국민의 천황'으로 이행했다고 언급했습니다. 그렇다면 문제의 핵심이 되는 것은 '천황 없는 국민'에서 '국민의 천황'으로의 전환과 관계가 있는 어떤 것입니다. 이런 것과 전쟁, 패전이 강하게 연결되어 있을 가능성이 있습니다. 거꾸로 말하면 메이지의 단계에서 사상적 기초를 만든 사람들에게 전쟁과 패전에 의한 아이덴티티의 굴절은 상대적으로 용이하게 극복할 수 있는 문제였던 셈이 됩니다. 그렇다면 거꾸로 이를 극복하지 못하는 것은 다이쇼·쇼와에 태어난 사람들이라고 할 수 있습니다.

예를 들면 이것도 전체의 흐름에서 보면 조금은 세부적인 것이지

만, 여러분도 잘 아시는 나쓰메 소세키夏目漱石는 『마음こころ』에서 노기 장군이 메이시천황의 죽음을 낮이해 순사殉死했다는 것을 언급하면서 메이지 정신이 끝났다고 적고 있습니다. 여기에서 말하는 '메이지 정신'이란 무엇일까요? 여기에 메이지의 리버럴리스트에게는 있고, 다이쇼와 쇼와의 리버럴리스트에게는 없는 것을 발견할 수 있는 실마리가 숨어 있지 않을까요? 소세키는 메이지의 정신을 노기 장군의 순사와 관련시켜 문제시하고 있습니다. 여기에서는 순사에 의미를 부여하는 천황과의 관계가 문제시되고 있습니다. 가라타니 고진이 일찍이 이 부분을 들어 순사란 천황과의 관계가 개인적이라는 것을 의미한다고 지적한 바 있습니다. 국민적인 공동성의 핵이 되는 천황과의 관계가 개인적인 추종이 될 수 있는 단계, 그것이 메이지입니다. 순사한다는 것은 개인적으로 귀의하고 있으며, 개인적으로 복종하고 있다는 태도의 표시인 것입니다. 저는 이것이 메이지의 리버럴리스트가 패전에 즈음해서 보여준 독특한 완고함과 관계가 있다고 생각합니다.

전중에 전후를 산 사상가

전후의 지식인이라 불리는 사람 가운데 가장 중요한 인물은 마루야마 마사오입니다. 세상을 떠났기 때문에 필요 이상으로 신격화되어 버린 측면이 있는데, 그렇다면 마루야마라는 사람의 전후는 어떠했을까요? 여기에서는 마루야마 마사오가 전후 혹은 전시 중에 어떠했는가를 살펴보면서, 전시 중의 곤란을 어떤 의미에서는 기만적으로 해소해 버린 시기로서의 전후라는 문제에 관해서 생각해 보고 싶습니다.

마루야마 마사오는 정치사상 연구가로서 실제 초일류라고 생각합니다. 마루야마가 전중에 했던 일은 이런 것입니다. 그는 근세 봉건사회, 즉 에도시대 속에서 근대를 발견하는 작업을 했습니다. 그의 생각은 파시즘이란 전근대적인 현상이라는 것입니다. 근세 봉건사회 속에조차 존재했던 근대라는 것을 발굴해 내는 것, 그것이 그의 기본적인 작업이었습니다.

그가 발견한 근세 속에도 있었던 일본의 근대란 도대체 어떤 것일까요? 이것은 여러 가지로 말할 수 있고 복잡하지만, 가장 중요한 것은 '자연'에 대한 '작위'의 논리입니다. '되는 것'에 대한 '하는 것'이라 말해도 좋습니다. 자연에서 단절된 작위의 논리가 그가 생각하고 있는 근대적인 요소입니다. 그에 따르면 일본의 사상, 특히 일본의 유교사상, 예를 들면 주자학적 사상은 기본적으로는 자연의 논리뿐입니다. 즉 거기에는 자연의 질서와 도덕의 질서—노모스 nomos[18]라든가 인간적인 질서—사이에 결정적인 단절을 발견할 수 없다는 것입니다. 인간적인 질서 또한 되는 대로 되는 세계입니다. 그러나 마루야마에 의하면 오규 소라이荻生徂徠[19]의 소라이학을 경

---

18) 노모스 : 〈철학〉 소피스트들이 사회, 제도, 도덕, 종교 따위를 자연과 대립시켜 이르던 말.

19) 오규 소라이 : 1666~1728. 유학자, 사상가, 문헌학자. 본명은 나베마츠(雙松). 주자학도 아니고 공맹의 가르침도 아니고, 그 이전의 고전인 삼경(三經)의 세계로 돌아가자는 것을 핵심 논의로 하고 있다. 일본사상계의 거장 마루야마 마사오(丸山真男)는 그의 저서 『일본정치사상사연구』에서, 일본 사상의 근대적 전환의 계기를 소라이의 학문에서 탐색하고

유한 전개 속에는 이러한 세계관에서 일탈하는 요소, 즉 작위의 논리가 부분적이지만 나오고 있다는 것입니다.

여기에서 '작위'에 대해 좀 더 생각해 보고자 합니다. '작위'라는 말은 물론 간단한 단어지만 주의하지 않으면 안 됩니다. 즉 작위라는 것이 가능하기 위한 조건이 있습니다. 작위의 논리는 자기의 내부에 이중의 입장이 겹쳐져 있고 그것에 의해 자기를 주체화한다는 것이 성립을 위한 조건입니다. 우선 바로 자기가 그렇게 되어 버리는 경험적 사실의 레벨이 있습니다. 이것이 '자연'의 레벨에 해당합니다. 작위의 논리가 가능하기 위해서는 이런 자기의 사실성에 대해서 선택적으로 관계하는 타자의 시점, 타자의 입장을 자기 자신에 내부화하는 것이 필요합니다. 작위란 자기에 내부화되어 있는 타자의 입장에서 자기의 사실성을 제어하는 것이기 때문입니다. 이런 타자의 시점에 준거하기 때문에 바로 작위의 논리는 '자연'과의 긴장관계에 들어가 때로는 '자연'과 대립하는 것입니다.

그런데 마루야마는 어떤 좌담회에서 전시 중의 자신에 관해 다음과 같이 말하고 있습니다. 즉 많은 사람들은 진다고는 생각했지만 패전 후의 이미지를 모르는 것 같았다. 그런데 자신의 경우는 반대로 패전 후의 일본에 대해서는 예상할 수 있었지만 질 때까지의 과정에 관해서는 잘 몰랐다고. 마루야마의 이 말에 대해서 요시모토 다카아키吉本隆明[20]가 재미있는 이야기를 합니다. 즉 요시모토는

있다. 즉 '자연'과 '작위(作爲)', 도덕과 정치의 범주를 분리함으로써 주자학적 세계관을 해체했다는 것이다.

20) 요시모토 다카아키 : 1924~. 시인, 사상가, 문예비평가. 광범위한 영역을 대상으로 평론·

이 말이 전쟁기 마루야마의 전쟁에 대한 애매한 입장을 상징하는 것이라고 논하고 있습니다. 요시모토에 따르면 이 글은 마루야마가 전쟁에 휘말리지도 않았지만 또한 대항도 하지 않았다는 것을 보여 준다는 것입니다. 만약 전쟁에 휘말렸다면 패전까지의 이미지는 명료해도 패전 후는 잘 모를 터이고, 전쟁에 저항했다면 어느 쪽의 이미지도 모른 채 다만 공화제가 되어야 한다는 당위적인 의식만이 있었을 것이라고 말합니다. 요시모토의 이런 논의는 중요합니다. 요시모토의 말에 따른다면 마루야마는 전쟁에 긍정적으로도 부정적으로도 관계하지 않았다는 것이 됩니다. 요컨대 마루야마는 전시 중 이미 전후를 살고 있었던 셈입니다. 그렇기 때문에 패전 후 일본의 이미지만이 명료했다고 할 수 있습니다.

중성국가와 유럽

마루야마 씨는 전쟁 중에 근세의 정치사상사 연구를 수행했는데 전쟁 직후에 쓴 글로는 1946년 발표된 '초국가주의의 논리와 심리 超国家主義の論理と心理'가 유명합니다. 이것은 내용적인 문제는 접어 두더라도 적어도 마루야마라는 사람을 유명하게 만든 논문입니다. 그에게 전시 중의 일은 어떤 의미에서 단지 학문적인 것이었습니

사상활동을 하였으며 다수의 저작이 있다. 학문적인 이력을 갖고 있지는 않으나, 홀로 독학을 하여 일본에서 압도적인 영향력을 갖고 있는 전후사상의 거인으로 불린다. 소설가 요시모토 바나나의 아버지.

다. 여기서 단지 학문이라는 것은 근세에 관한 역사적인 연구를 하고 있었다는 의미인데, 전후의 '조국가주의의 논리와 심리'부터 마루야마는 이른바 '현재'에 개입하는 사상적인 글을 쓰고 있습니다.

이 글은 전쟁 중 수행한 작업의 연장선으로서 작위의 논리를 일본의 파시즘 논리에 대치시키고 있습니다. 작위의 논리는 앞서도 말했지만 내화된 타자의 시점을 전제로 자연에 대항하는 그런 구조로 되어 있습니다. 그렇다면 그 타자의 시점이라는 것을 어떻게 이론적으로 확보할 것인가? 그는 이렇게 말합니다. '초국기주의의 논리와 심리'에서 유럽 국가는 이른바 중립적 국가, 중성적 국가라고 주장합니다. 이에 비해서 일본의 천황제 국가는 이런 중립성 없이 처음부터 내용적으로 규정되어 있는 국가라고 마루야마는 말합니다. 마루야마에 의하면 일본의 천황제 국가와 달리 서양의 국가는 이데올로기적으로 순수하게 중립적이고 그 입장에서 여러 가지 구체적인 제도를 구축하고 있습니다. 이런 논리에서 보면 작위의 논리가 전제로 하는 타자의 시점은 사회적으로는 중성적 국가의 형태로 구현됩니다. 중성적 국가가 사회에서 내적인 타자의 시점에 대응하고, 가능한 제도에 대해서 선택적으로 관여한다는 의미에서 그렇습니다.

지금 말한 것은 이론상의 논의였는데, 이를테면 이런 질문도 가능합니다. 즉 마루야마는 그 자신이 일본에 대해서 '작위'의 논리를 가지고 관여할 때 그 논리의 전제가 되는 '타자'의 입장을 어떻게 해서 현실적인 것으로서 획득하고 있는 것일까요? 앞서 언급한 것처럼 전쟁 중의 마루야마는 일본의 사상에서 근대를 발견하려는 작업을 했습니다. 그런데 전후의 '초국가주의의 논리와 심리'에서는 유럽—경우에 따라서는 나치스—과 일본의 파시즘을 대비시키고 있습니다. 즉 이 경우 작위의 논리를 가능하게 하는 타자의 시점이란 이론상으로는 중성 국가인데 현실에서는 유럽입니다. 즉 서양에 있다는 것입니다. 그의 작업은 이렇게 정리할 수 있습니다.

이상의 시대

문제가 되고 있는 작위의 논리란 시점의 낙차 혹은 시점의 이중성과 같은 것을 전제로 하고 있습니다. 즉 '타자의 시점'과 '자기의 시점', 혹은 보다 엄밀하게 '자기가 상정하고 있는 타자의 시점'과 '자기 현상現狀의 사실성이라는 자연의 시점' 간의 낙차를 형성시키는 논리의 핵이 바로 작위입니다. 그런데 이 시점의 낙차를 시간상으로 전개하면 미래의 사상과 현재의 결여라는 구조가 나타납니다.

저는 옴진리교에 관해 쓸 때(『허구의 시대 끝에서』) 전후 50년간을 크게 두 개의 단계로 나눴습니다. 전후 최초의 25년간은 '이상의 시대'로 규정했습니다. 이상의 시대에 가장 분명한 사상적인 대응물이 바로 마루야마 마사오로 대표되는 전후 진보파 사람들입니다. 그 전후의 진보파는 우리 사회가 지향해야 할 이상적인 모습을 매우 긍정적으로 제시하고 있습니다. 마루야마의 경우에서 보면 그것은 서양풍의 시민사회라는 형태입니다.

이 '이상'과의 관계에서 현상 = 현재라는 것은 항상 결여—이상 상태의 결여—로서 나타납니다. 이런 구조로 되어 있는 것을 우선 여기에서 말해두고자 합니다.

전후 민주파의 사상을 지금 마루야마의 논리로 대표시켜 보았는데, 그의 사상의 핵심을 추상해서 보면 그것은 작위의 논리가 됩니다. 이 경우 작위의 논리가 작동하기 위해서는 자기의 현재와는 반대되는, 혹은 자기의 현재로부터 단절된 타자의 시점을 도입하면서, 그런 경험과 사고의 스타일을 사람들에게 제공해야만 합니다. 자기 자신의 내부에 자기 자신의 경험적인 현재에 대항하는 타자의 시점과 입장이 있을 수 있다는 것이 리얼리티를 갖지 못하면 시금 말한 것과 같은 사상은 전개할 수 없게 됩니다. 즉 자기의 현재와 단절된 곳에 있는 타자의 시점을 상정하는 것에 어떤 종류의 현실적인 신뢰가능성 혹은 설득력이 있어야만 합니다. 이런 신뢰가능성과 설득력이 확보될 때 전후 민주주의 논리는 전개 가능한 것이 됩니다. 그렇기 때문에 문제는 어떻게 그 작위의 논리를 가능하게 하는 (내적인) 타자의 시점을 확보할 것인가, 혹은 이런 타자의 시점과 사실적인 자기의 시점 사이의 낙차는 어떻게 구성될 수 있는가로 귀착됩니다.

미국의 선의

문제를 이렇게 설정하면 전쟁 중의 사상공간 혹은 담론공간과 전후의 그것과의 사이의 단절의 핵심, 혹은 양자 사이에 놓인 본질적인 차이가 분명해집니다. 다만 여기서는 약간 우회하여, 예를 들면 민주파의 흐름과는 약간 다른 흐름, 아니 원래는 민주파와 거의 같은 흐름 속에 있지만 현재는 반대쪽이라 인식되고 있는 에토 준江藤淳21)에 대해 언급하고자 합니다.

에토 준은 '전후지식인의 파산戰後知識人の破産'이라는 제목의 에세이를 썼습니다. 이것은 60년 안보22)에 관한 글입니다. 여기에서 마루야마와 함께 당대의 대표적인 혁신파로 간주되었던 시미즈 이쿠타로淸水幾太郎23)를 비판하고 있습니다. 이전에 시미즈는 60년 안보가 실패한 이유에 대한 글을 썼는데, 에토는 여기서 시미즈가 어떤 것을 완전히 무시하고 있다고 지적합니다.

---

21) 에토 준 : 1932~1999. 전후 일본을 대표하는 문학자이자 보수파 논객. 전후민주주의를 미국에 의해 이식된 민주주의라 비판하며 일본의 주체성 회복을 주장했다. 대표작으로『소세키와 그 시대(漱石とその時代)』, 『성숙과 상실』, 『닫힌 언어공간―점령군의 검열과 전후 일본』 등이 있다.

22) 60년 안보 : 1960년 1월 '미일상호협력 및 안전보장조약(신안보조약)'이 조인되었다. 이는 당시 미소 대립을 배경으로 미일 군사동맹을 강화하여 일본을 반공의 교두보로 만들려는 것이었다. 혁신 세력은 이를 일본이 미국의 아시아 전략체제에 말려들어 냉전에 가담하는 것으로 파악하고 반대운동을 벌였는데, 이 시기에 일어난 일련의 반대운동을 안보투쟁 혹은 60년 안보투쟁이라 한다.

23) 시미즈 이쿠타로 : 1907~1988. 사회학자. 평론가. 전후 평화운동에서 큰 역할을 담당했으며, 60년 안보투쟁 이후에는 사회운동과 거리를 두고 저술활동에 전념했다. 주요 저서인『일본이여 국가다워라(日本よ国家たれ)』에서 반미의 관점에서 평화운동을 비판하였으며, 핵무장을 주장하였다.

시미즈는 60년 안보 과정에서 공산당이 이러했다 저러했다 등등 여러 가지 예를 들고 있는데, 에토는 시미즈가 실제로는 좀 더 중요한 곤란을 간과하고 있다고 말하고 있습니다. 그 곤란이란 정부가 경찰력을 동원하여 국회의사당 앞에 집결하고 있는 데모대demo隊를 배제할 가능성이 있었는데도 시미즈가 그것을 전혀 고려하지 않았다는 것입니다. 즉 에토에게는 시미즈 이쿠타로 정부가 폭력적으로 강권을 발동할 가능성에 대해서 조금도 고려하지 않았다는 점이 어떻게 봐도 안이하다는 것입니다. 바꿔 말하면 시미즈는 당시의 수상인 기시 노부스케岸信介[24)가 매우 선의를 가진 사람이며, 결코 극단적이지 않다는 것, 즉 폭력을 휘두르지 않는 관대한 사람이라는 것을 무조건적인 전제로 하고 있다고 비판합니다.

그런데 이번에는 가토 노리히로가 그를 처음으로 유명하게 만든 평론 '미국의 그늘アメリカの影'에서 에토의 논리를 빌려 에토의 논의를 반박합니다. 즉 '에토 씨의 말이 타당할지도 모르지만 같은 이야기를 에토 씨에게도 할 수 있다'라고. 주지하는 바와 같이 에토는 오늘날 대등한 미일관계를 주장하는 사람으로 간주되고 있습니다. 그는 일본은 우선 교전권을 회복해서 완전한 주권국가가 됨으로써 미국과의 사이에 가능한 한 대등한 파트너십을 확립해야 한다고 주장합니다. 이러한 에토의 주장은 일본이 대등한 교전권을 가질 때 미국이 일본을 중요한 파트너로서 생각해 줄 것이라는 것을 전제로

---

24) 기시 노부스케 : 1896~1987. 제56 · 57대 내각총리대신. 도쿄대를 졸업하고 농상무성(農商務省)에 들어가 이후 만주국 관료를 지냈다. 전시기 총동원체제의 구상과 운영에 깊이 관여했으며, 패전과 함께 A급 전범용의자로 복역 중 1948년에 석방되었다. 1954년 자유당에서 제명되자 일본 민주당을 결성하였다. 아베 신조(安倍晋三)의 외할아버지.

하고 있습니다. 즉 일본에 대한 미국의 선의를 무조건적으로 믿고 있다는 점에서 에토도 시미즈도 마찬가지라고 가토는 지적합니다.

그런데 이 지적이 시사하는 것은 아마도 일본정부가 갖고 있는 선의와 관용에 대한 무조건적인 기대, 그리고 나아가 미합중국의 선의에 대한 기대가 어떤 시기에 거의 같거나 적어도 같은 형식으로 반복되고 있다는 점입니다.

이런 것을 전제로 하여 앞서의 문제로 돌아가면 저는 이렇게 생각할 수 있다고 봅니다. 극단적인 단순화의 위험을 무릅쓰고 말하자면, 전후지식인은 작위의 논리를 가지고 일본의 어떤 현상에 대한 비판적 견해를 드러냈다고 언급했는데, 그렇다면 그들은 이런 작위의 논리를 가능케 하는 타자의 시점을 어떻게 현실적인 것으로 확보했는가가 문제입니다. 제가 보기에 그 작위의 논리를 가능하게 하는 타자의 시점이란 상징적으로 말하면 바로 미국입니다. 혹은 미국에 의해 상징되고 있는 그 어떤 것입니다.

좀 앞서서 가설을 제시하자면 이렇습니다. 즉 지금 문제 삼고 있는 근본적인 질문은 다음과 같은 것입니다. 전시 중에는 사상을 표현하는 것에 대한 본질적인 곤란함과 불가능성이 있었고, 그것을 사람들은 체험하고 있었습니다. 이것이 전후라는 공간 속에서 해소되어 버렸습니다. 그렇다면 양자 간에 무엇이 달랐을까요? 결론적으로 전후에 사상의 적극적인 표현을 가능하게 한 것은 다시 말해 작위의 논리를 가능케 한 (내부화된) 타자의 시점입니다. 그리고 타자의 시점이 무엇에 의해 신뢰가능성을 확보했는가라는 문제에 관해서는 단적으로 말해 미국이 그런 타자의 시점에 사회적인 현실성을 제공했다고 생각합니다.

이것을 반어적으로 말하면 다음과 같습니다. 미국은 전후 일본의 점령정책을 통해서 일본에 민주주의를 뿌리내리게 한다는 대의명분을 내세우면서도 실제로는 상당히 비민주적이었다는 것입니다. 그 현저한 예가 일본의 언론계에 대한 검열입니다. 미국은 일본에 자유주의와 민주주의를 이식시키려 했지만 일본의 언론에 대해서는 비자유주의적인 개입을 한 것이 됩니다. 그러나 보다 본질적인 의미에서는 미국에게 정신적으로도 혹은 제도적으로도 점령되었다는 것이, 다시 말하면 검열당할 수밖에 없는 형태로 점령되었다는 것이 바로 전후에 사상을 둘러싼 다양한 논란을 불러일으켰다고도 생각할 수 있습니다.

60년 안보의 구조

이처럼 초월적인 타자로서의 미국에 대한 결정적인 의존이 전후 일본의 담론공간을 규정한 근본 조건이라고 저는 생각합니다. 이것은 어찌 보면 매우 당연한 것입니다. 그러나 여기서 조금 주의할 필요가 있습니다. 예를 들어 이런 관점에서 볼 때 60년 안보는 어떻게 되는가 하는 문제가 있습니다. 60년 안보 때 여러분의 대다수는 태어나지 않았을 테고, 저도 2살 정도였습니다. 앞서 시미즈 씨의 이야기 속에 나오는 60년 안보 당시에는 꽤 대중적인 수준에서 반미의식이 존재했습니다. 60년 안보의 표면적인 풍조는 일본인의 정신이 미국에 의존하고 있기는커녕 오히려 기본적으로 반미였습니다. 게다가 60년대 안보야말로 전후 민주파 지식인이 가장 활약한 시기였습니다. 70년대 안보는 그런 식으로 가지는 않았지만, 60년대 안보에 대해서는 이렇게 말할 수 있습니다. 일전에 옴진리교에 대해서 쓴 책에서도 잠시 언급했지만, '이상의 시대'에서 사상적인 무브먼트movement의 정점은 역시 60년대 안보 운동입니다. 그때에는 아직 전후적인 사상, 즉 전후 민주주의적인 이상이라는 것이 상당히 살아 있었습니다. 그리고 그러한 전후 민주주의적인 이상의 밑바탕에 반미가 있었다고 할 수 있습니다.

그러나 제 생각으로는 60년대 안보에서 표명된 반미야말로, 일본이 미국을 중심으로 한 세계 시스템 속에 있으며 실로 그렇기 때문에 내셔널한 공동체일 수 있었다는 것을 보여주는 결정적인 증거라고 생각합니다. 다만, 그 시스템 속에서 종속적으로 주변적인 위치에 있었기 때문에 반미가 되었으며, 그 결과 일본을 일종의 국민적 공동체로 하는, 다시 말해 세계 속에 존재하는 하나의 로컬한 국민이라는 의식이 만들어졌다고 생각합니다. 그렇다면 일본을 하나의 로컬한 국민으로서 승인하는 시선은 어떻게 가능했던 것일까요? 그것은 일본을 세계의 주변적인 위치로 평가하는 보편적인 시선 때문이 아니었을까요? 그리고 그 보편적인 시선이란 바로 미국 중심의 세계 시스템을 파악하는 시선일 것입니다.

따라서 60년 안보의 경우 반미란 제 생각에는 일본이 세계 시스템 속의 주변이라는 반증입니다. 일본이 미국을 중심으로 하는 세계 시스템 속의 주변부에 편입됐다는 것을 상징적으로 나타내는 시각적인 증거는 맥아더와 천황이 나란히 서 있는 그 유명한 사진입니다. 이것은 몇 번을 봐도 왠지 기분이 좋지 않습니다. 종종 듣는 이야기지만 미일관계라는 것은 미국을 남자로 일본을 여자로 하는 일종의 성적관계에 비유할 수 있습니다. 맥아더와 천황의 사진은 일본과 미국의 결혼사진인 것입니다. 이러한 관계 속에서 일본은 미국을 중심으로 하는 세계 시스템의 주변부로 계속 살아갈 수 있습니다. 즉 여기서는 중심이 아니라 주변이라는 것이 중요합니다.

　이 문제를 생각하는 데에 베네딕트 앤더슨Benedict Anderson의 내셔널리즘 이론이 유용합니다. 그가 쓴 식민지 내셔널리즘 혹은 크리올Criole[25] 내셔널리즘이란 개념이 도움이 됩니다. 식민지에서 내셔널리즘이 유행할 때에는 통상 종주국으로부터의 독립운동이라는 형태를 띕니다. 이런 의미에서 종주국과 식민지는 대립하고 있습니다. 그러나 다른 한편으로 앤더슨은 식민지의 내셔널리즘은 본질적인 부분에서 종주국에 의존하고 있다고 말합니다.

　이것을 드러내는 가장 명확한 사실은 종주국이 식민지 통치를 위해 만든 행정상의 구획에 따라 식민지의 내셔널한 공동체가 만들어졌다는 것입니다. 이러한 경계는 기본적으로는 식민지 통치를 위한 편의적인 경계선에 지나지 않습니다. 그렇지만 종종 식민지의 국민적 자각이라는 것은 이처럼 원래 종주국이 만든 편의적인 행정적 경계선에 의해 태어납니다. 바꿔 말하면 이러한 행정적 경계는 원래 식민지 통치자가 현지 사람들의 언어나 문화와 같은 것을 조사해서

---

25) 크리올 : 본래 유럽인의 자손으로 식민지 지역에서 태어난 사람을 부르는 말이었으나, 오늘날에는 보통 유럽계와 현지인의 혼혈을 부르는 말로 쓰인다.

"이 부분에 약간 단절이 보인다"고 해서 만들어진 것이 아닙니다. 그러나 그럼에도 식민지 내셔널리즘이 대부분 그 편의적인 선을 따라 내셔널리즘을 자각하게 됩니다. 이것은 식민지 내셔널리즘이 종주국에 대항하고 있음에도 불구하고 종주국에 의한 통치에 의해 산출되었다는 것을 보여줍니다. 경계선만이 아닙니다. 실은 식민지 내셔널리즘을 주도하는 사상, 그 자체가 종주국에서 태어난 이념 그대로 차용한 것입니다. 종종 독립운동의 지도자들은 종주국이 확립한 학교교육을 거친 엘리트이거나, 종주국에서의 유학 경험자라는 점은 이러한 사실을 뒷받침하는 증거입니다.

60년대 안보라는 것도 구조적으로 이것과 동일합니다. 즉 일본은 미국에 점령된 적도 있기 때문에, 말하자면 60년대 안보는 미국의 점령에 대한 일본의 독립운동입니다. 안보조약이 계속되는 한 일본의 점령 상태는 사실상 끝나지 않는다고 보는 민중운동의 성격을 가집니다. 그러나 식민지 내셔널리즘이 아무리 종주국에 반항해도 종주국에 의한 통치에 의존하고 있는 것과 마찬가지로 민중의 반미 감정을 포함하여 60년대 안보를 가동시킨 사상은, 미국에 의한 통치에 깊이 의존하고 있을 가능성 또한 내포하고 있습니다.

울트라맨으로서의 미국

일본이 미국으로 상징되는 시스템 속에서 종속적인 위치를 배분받았고, 그로 인해 오히려 국민적 공동성에 관한 자각이 생겼다고

앞서 말했는데, 바로 그런 구조를 단순하게 상징하고 있는 것이 『울트라맨』입니다. 평론가인 사토 겐시佐藤健志[26]는 92년경에 쓴 『고질라와 야마토와 우리들의 민주주의ゴジラとヤマトとぼくらの民主主義』에서 이 점을 언급하고 있습니다. 흔히 『울트라맨』은 어린이용으로 간주되는데 실은 여기에 중요한 사상적인 도박이 있었다고 사토 겐시는 말하고 있습니다.

앞서 저는 에토 준을 포함해 전후지식인이 미국에 대한 무조건적인 선의에 의존하고 있다고 말했습니다. 그것의 반작용으로 일본은 미국이 주도하는 미일안보라는 우산 속에 들어가 주변적인 포지션을 얻게 됩니다. 그것은 미국을 중심으로 하는 세계 시스템 속에서 종속적인 포지션을 제공받는 것과 같습니다. 이 경우 이를테면 여성인 일본이 미국이라는 남자를 무조건적으로 믿는다는 관계가 반드시 필요하게 됩니다. 울트라맨 시리즈에서 인류가 울트라맨에게 의존하는 관계가 이러한 미일관계와 같다는 것이 사토 겐시 주장의 핵심입니다.

저는 어렸을 적부터 울트라맨이 단순히 선의로 지구의 인류를 도와주는 것에 대해 의문을 품고 있었습니다. 이것은 터무니없는 선의라고 생각합니다. 오타쿠와 같은 분이라면 알고 계시겠지만 울트라맨 시리즈에서 울트라맨은 어떤 경위로 지구인을 도와주게 되었을까요? 울트라맨은 다른 별 사람입니다. 원래 특별히 지구와 관계가 있는 것도 아닙니다. 많이들 알고 계시겠지만 교통사고라는 계

---

26) 사토 겐시 : 1966~. 보수적 시각에서 전후 일본의 대중문화를 논하는 문화평론가.

기가 중요합니다. 울트라맨 시리즈의 제1회에는 다음과 같은 내용이 그려지고 있습니다. 하야타ハヤタ라는 사람이 우주순찰을 하는 중에 울트라맨과 부딪치는 사고를 당하여 결국 사망하게 됩니다. 그러자 이대로는 안 되겠다고 생각한 울트라맨은 하나밖에 없는 생명을 둘이서 공유하게 됩니다. 그래서 하야타는 울트라맨이 되는데, 이후 선의로 지구인을 도와주게 된다는 구조입니다. 우연히 일어난 한 번의 교통사고가 비싼 대가를 가져왔다는 이야기인데(웃음), 이것은 생각해 보면 터무니없습니다. 왜냐하면 저는 어린아이의 마음으로도 생각해봤지만, 울트라맨은 지구인을 위해 괴수들을 처치해줍니다. 그런데 괴수도 또한 우주인입니다. 그렇다면 왜 제3자인 울트라맨이 지구인의 편만 드는지 하는 의문이 듭니다. 그 이유는 앞서 말한 교통사고 사망입니다. 그러나 괴수를 몇 마리 죽여도 전혀 신경 쓰지 않는 남자가 우연한 교통사고를—게다가 이것은 어쩔 수 없는 교통사고입니다—계기로 지구를 위해 싸우게 될 수 있을까요? 그런 일로 그렇게까지 양심의 가책을 느끼는가라는 의문이 듭니다. 따라서 이는 터무니없는 이야기인 것입니다.

제가 어릴 적에 울트라맨 시리즈를 보면서 생각한 의문점은 여러 가지 있지만, 예를 들면 이런 느낌도 있습니다. 한번 상상해 보세요. 괴수가 나왔다고 합시다. 지구인이 최선을 다해 공격을 해도 좀처럼 쓰러뜨릴 수 없을 정도로 강한 괴수가 나왔다고 합시다. 거기에 울트라맨이 나타납니다. 이런 상황을 아무것도 모르는 지구인은 어떻게 생각할까요? 저는 이렇게 생각합니다. 이것은 위험한 것이라고. 왜냐하면 괴수가 두 마리가 되었기 때문입니다. 그런데 그 괴수는 어떤 이유에서인가 한 마리의 괴수만 처치하고 갑자기 사라지는데 이는 "따라오지 말라"는 의미와 같은 것입니다. 지구인은 울트라맨과 어떤 계약을 맺은 것도 아닌데 언제 이 녀석이 우리들 편이라는 것을 알고 있었는지 매우 불가사의했습니다.

어쨌든 울트라맨은 무조건적인 선의를 갖고 지구인을 지켜 줍니다. 그러나 이와 마찬가지의 선의를 미국에 기대해서는 안 됩니다. 실제로 사토 겐시 씨는 이렇게 생각해도 좋을 근거를 여러 가지 제시하고 있습니다. 이것은 유명한 이야기인데, 울드라맨의 시나리오 작가인 가네시로 데쓰오金城哲夫 씨는 오키나와 사람입니다. 이는 매우 중요합니다. 왜냐하면 오키나와는 1970년에 본토로 귀속됩니다. 울트라맨 시리즈의 초기는 1960년대 중반부터 후반입니다. 오키나와의 본토 복귀 이전입니다. 가네시로 씨는 매우 강렬한 류큐琉球[27] 내셔널리스트입니다. 그러나 류큐는 일본 이상으로 작고 약한 국가입니다. 그렇기 때문에 류큐가 국제사회 속에서 자리 잡기 위해서는 일본의 선의에 기대할 수밖에 없습니다. 사토 씨에 따르면 가네시로 씨는 약한 류큐와 그런 류큐를 선의로 보호해 주는 일본과의 관계를 울트라맨과 인류의 관계에 비유하고 있었습니다. 이것과 완전히 구조적으로 동일한 관계가 일본과 미국의 관계입니다. 미일안보조약이란 이런 편무적인 관계인 것입니다.

'울트라맨'의 최대의 난점, 어떤 의미에서 어떤 아이들이 보아도 언젠가 깨닫게 되는 난점은 결국 울트라맨에게 도움을 받는 인류에

---

27) 류큐 : 지금의 오키나와 현의 옛 지명. 별칭.

게 애당초 군대 따위는 필요 없는 것이 아닌가라는 문제입니다. 예를 들면 과학특수대라는 것이 있어서 언제나 괴수와 싸우지만 거의 도움이 되지 않습니다. 아이들조차 과학특수대는 무엇 때문에 있는가 라는 의문을 갖게 됩니다. 아마 제작자 측마저도 이런 의문을 공유하고 있었는지 과학특수대가 자신들의 존재 이유를 알 수 없게 되어 정체성의 위기에 빠지는 에피소드도 있습니다.

과학특수대는 그 이름에 걸맞게 과학적인 병기를 사용하여 괴수에 대항합니다. 그러나 신병기는 전혀 괴수에게 통하지 않습니다. 그래서 최종적으로는 울트라맨이 와서 처리하는 것입니다. 그러면 과학특수대는 '우리들은 도대체 무엇 때문에 존재하는가'라고, 특히 과학특수대의 이데ィデ 대원과 같은 과학병기 개발전문가는 '나의 무기로 이긴 적이 있었던가'라는 생각을 갖게 됩니다. 점점 '우리들 따위는……'이라는 생각을 하게 됩니다. 결국 이데 대원은 낙담하게 되는데 "어차피 내가 무엇을 만들더라도 울트라맨이 와 주니까 나 같은 것은 필요 없다"와 같은 이야기를 하기 시작합니다. 그러자 하야타 대원이 위로합니다. "아니 그렇지 않아"라고 여러 이야기를 해주지만 아무리 생각해 봐도 위로가 되지 않습니다. 그런데 그 회의 마지막 부분에서 이데 대원이 만든 광선총 같은 것이 효과를 발휘합니다. 물론 그 회에도 울트라맨은 나타납니다. 울트라맨이 괴수를 거의 제압하여 앞으로 한 방 정도면 처치할 수 있는 상태까지 됩니다. 여기에서 울트라맨은 일부러 괴수를 죽이지 않고 이데 대원에게 자신이 만든 광선총으로 괴수를 처리하게 합니다. 그러자 이데 대원은 "내가 해냈다"라고 기뻐하며 자신감을 회

복합니다. 이것은 마치 아이가 부모의 전면적인 도움을 받아 뭔가를 해내는 것과 비슷한데, 아이들이 스스로 해보는 가운데 성취감과 자신감을 갖게 되는 방식과 닮았습니다.

주부로서의 일본

어쨌든 '울트라맨'은 과학특수대와 울트라맨은 미일안보조약 하의 일본과 미국의 관계를 어떻게 보면 회화적으로 표현하고 있습니다. 앞선 논의에서 보자면 이것은 패전이라는 사실에 기인하고 있습니다. 어떻게 해도 기만적으로 될 수밖에 없는 것이 패전이라는 사실을 억압한다는 것입니다. 지금 언급한 과학특수대와 울트라맨의 회화적인 관계라는 것은 웃음거리가 아니라 정말로 일본과 미국의 관계이기도 합니다. 그래서 이번에는 반대로 "보통의 나라가 되어야만 한다"고 말하면서 군대를 갖자는 주장이 나옵니다. 조금 다른 의미에서 본다면 패전에 대한 억압이 있지만, 어쨌든 지금과 같이 사실에 대해 기만적인 은폐를 도모하는 것, 즉 망각하는 것이 바로 억압이라는 것입니다.

여기서 제가 말하고 싶은 것은 울트라맨 시리즈와 같은 대중적인 서브컬쳐 속에서도 이미 일본의 전후가 미국으로 상징되는 심급審級, 즉 어떤 초월적인 타자를 준거점으로 하여 자리매김되는 관계를 볼 수 있다는 것입니다.

1960년대 이후, 혹은 쇼와 30년, 쇼와 30년대부터 40년대 전반에 걸친 이 시기는 전후 일본의 고도성장기에 해당합니다. '쇼와 ~년 대'라는 표현이 의미를 갖는 시기는 고도성장기까지이며 그것이 끝나면 '쇼와 ~년대'라는 표현은 그 유의미성을 급속하게 상실해 버린다는 앞서의 논의를 여기에서 잠시 떠올려도 좋을 것 같습니다. 그런데 일본의 고도성장은 경제적으로뿐만 아니라, 오히려 문화적으로 혹은 정신적으로도 일본이 미국에 의존하고 있다는 사실에 의해 초래되었습니다.

앞에서 작위의 주체를 만드는 어느 초월적 타자의 시선을 상정하는 것을 시간축에 투영하면 '이상 = 미래'에 대해 '현상 = 현재'의 결여라는 구조를 얻을 수 있다고 말했습니다. 이 구조를 지금의 논의 속에 그대로 적용하면 이상을 구현하는 것은 물론 미국입니다. 즉 '이상'과 '현실'의 결여를 매개로 한 관계는 미국에 의해 이상화된 사항과 일본의 현재라는 관계가 됩니다. 실제 전후 일본 전반부는 대중적인 이상의 초점에 미국이 있었습니다. 예를 들면 최근 아메리카나이제이션Americanization에 대한 요시미 슌야吉見俊哉 씨의 논의를 참고할 수 있습니다. 요시미씨가 언급한 것처럼 1950년대 이후 민주주의라든가 공산주의와 같은 지적 수준에서의 이상이 아닌 훨씬 대중적인 이상의 초점은 무엇을 상징했는가 하면 가전제품입니다. 이 가전제품은 미국적인 것과 깊은 관련이 있습니다. 가전제품이 표현하고 있는 가치를 요약하면 미국적인 라이프스타일입니다. 그렇기 때문에 예를 들어 1950년대 60년대의 광고카피를 보면 미국적이라든가 미국식이라는 말이 나옵니다. 이러한 미국적인 것을 일본에서 리드한 것이 마쓰시타松下입니다. 즉 '내셔널(국민적)'

입니다.

세다가 민주주의와 같은 이념상에서의 목표와, 가전과 같은 물질적인 목표가 함께 미국으로 표상되고 있습니다. 단적으로 말하면 전후에 있어 민주화라는 것은 가전화입니다. 혹은 1950년대 정도의 단계라면 일본과 미국의 기술 격차는 너무나 현저해서 아무래도 미국을 쫓는 구조입니다. 그러나 구체적으로 말해 60년대가 되어서 부분적으로 일본의 기술도 상당한 위치에 올라서게 됩니다. 그즈음이 되면 다음번 광고 속에 많이 나오는 카피는 어떻게 될까요? 미국에도 지지 않는 기술력을 갖춘 일본이라는 내용이 될 것입니다. 이 경우 때때로 일본을 가타카나로 '닛폰ニッポン'과 같이 쓰게 됩니다. 이는 요시미 씨가 주목하고 있는 것인데 요약하면, 왜 가타카나로 썼는가 하면, 일본을 아이덴티티화 하는 시선이 국내에 있는 것이 아니라 해외, 즉 세계 쪽에 있기 때문입니다. 조금 더 설명한다면 미국 쪽에 있기 때문입니다. 미국의 시선에서 일본의 기술력이 승인된다는 구도가 됩니다. 미국에 귀속하는 승인의 시선에 의해 일본이 일종의 민족적 혹은 국민적인 아이덴티티를 확립하는 구도가 간결한 형태로 가전제품 제작이나 혹은 이와 관련된 카피 속에 이미 표현되고 있는 것입니다.

미국에 승인되는 일본이라는 것을 상징적으로 대표하는 것이 가전제품이라고 앞서 언급했습니다. 특히 가전제품을 사용하는 것은 누군가 하면 주부입니다. 즉 미국에 의해 승인되는 일본을 대표하는 가전제품을 사용하는 것이 여성이라는 것입니다. 또한 일본에서 이상적인 미국적 라이프스타일을 대표한 것이 누군가 하면 황실입니다. 특히 쇼와 30년대 초기에 미치코美智子의 결혼이 있었습니다. 미치코의 결혼 이후 황실의 주역은 천황도 황태자도 아닌 미치코가 됩니다. 황태자 일가는 미국적 라이프스타일을 일본에서 이상적으로 실현한 가족으로, 그 주역이 미치코였고 대중적인 주부였습니다. 즉 미국이라는 남성에게 승인되는 지점에 종속적 여성으로서의 일본이라는 구도가 반복되는 것입니다. 혹은 천황조차도 어느 의미에서는 여성적으로 이미지화됩니다. 예를 들면 식물 연구에 힘쓰는 천황폐하처럼 말입니다. 이러한 구조 속에서 일본 전체가 여성화됩니다.

4.
1970년대의 전환점

고 백 양키|Go Back Yankee

지금까지 일단 점령기부터 고도성장기까지의 단계에서 어떤 일이 일어났는지 다소 극단적으로 단순화해 봤습니다. 어떤 변화 속에서 언어라는 것이 편입되어 갔는가, 혹은 사상과 사상의 토대가 되는 우리들의 체험이 어떻게 편입되어 갔는가라는 문제에 대해 이야기를 했습니다. 그런데 이 구조가 실은 어느 시기부터 전환을 맞이하게 됩니다. 그 '어느 시기'란 1970년대의 극히 초반입니다. 이에 관해 여기서 약간 언급해 두고자 합니다.

앞서 여성적인 일본, 주부로서의 일본, 미치코 황후로 대표되는 일본이라는 이야기를 했습니다. 그런데 이것을 생각할 경우, 1965년에 고지마 노부오小島信夫가 쓴 매우 유명한 소설『포옹가족抱擁家族』은 주목할만한 가치가 있습니다. 이것은 미국이라는 문제를 주제로 한 소설이라고 할 수 있습니다. 『포옹가족』에서는 주인공의 부인이 미군과 불륜관계에 빠집니다. 이것이 작품의 기반이 되는 관계입니다. 즉 미국인과 관계를 맺은 여자, 미국인과 관계를 맺은 처라는 구도는 앞서 말한 남성적인 미국과 여성적인 일본의 구조를 매우 명확하게 반복하고 있습니다.

게다가 이 소설은 이것이 고도성장이라는 것과 결부되어 있다는 것도 암시하고 있습니다. 이러한 것은 가토 노리히로 씨도 『미국의 그늘アメリカの影』에서 논하고 있습니다. 예를 들어 이 소설에는 가정부가 나옵니다. 소설은 이 가정부가 "오고 나서부터 우리 집은 오염되었다"는 구절로 시작합니다. 가정부가 있다는 것은 주인공의 가족이 그만큼 풍요롭다는 것을 의미합니다. 즉 고도성장의 은혜를 입고 매우 풍요로워진 일본인을 대표하는 것이겠지요. 이 가정부가 일종의 사이비 진보적인 사람으로 부인을 자극합니다. 남편뿐만 아니라 부인도 오늘날의 개방된 사상을 갖지 않으면 안 된다고 말합니다. 그래서 미국인과 위험한 놀이 같은 것도 할 수 있다 해도 좋다와 같은, 상당히 왜곡된 자유주의의 담당자의 역할을 하면서 이른바 미국적인 생활이라는 것을 넌지시 부인에게 주입합니다.

그렇다면 이 소설의 기본 구도는 지금 말한 1960년대에 성립한 미국과 일본의 어떤 종류의 관계라는 것을 상징적으로 보여줍니다. 그러나 이 소설의 중심적인 주제는 이러한 관계로부터의 이탈에 있습니다. 결국 주인공은 부인이 미군과 불륜을 저질렀다는 사실을 알고 충격을 받게 됩니다. 그리고 결국에는 주인공과 주인공의 처 그리고 미군병사 셋이 직접 만나 이야기를 하게 됩니다. 주인공이 통역을 하면서 여러 가지 이야기를 주고받습니다. 그리고 그는 부인과 미군 쌍방의 변명을 듣게 됩니다. 그런데 부인이 말하는 것과 미군이 말하는 것이 많은 부분에서 다릅니다. 마지막에 부인이 "하여튼 나는"이라고 말합니다. "이렇게 된 것에 대해서 나로서는 어떤 책임을 느끼지만 당신은 어떻게 생각하는가?"라고 미군에게 묻습니다. 그것을 주인공이 미군에게 통역합니다. 그러자 미군은 "나는 어떤 책임도 느끼지 않는다. 나는 부모와 미국국가 이외의 어떤 것에도 책임을 느끼지 않는다"라고 대답합니다. 그러자 부인은 이런 미군에게 마음 깊은 곳에서부터 경멸한다는 식으로 이야기를 합니다. 그러고서 주인공은 셋이 있던 자리를 나올 때 미군을 향해 자신도 모르게 이런 말을 하게 됩니다. "고 백 양키"라고.

미국과 일본의 관계에서 그때까지의 가장 정통적인 관계를 기점에 두면서도 뭔가 멀어지려고 하는 그런 지향이 『포옹가족』이라는 소설에 표현되어 있습니다.

어머니의 상실

앞서 몇 번인가 언급했던 에토 준은 이 소설을 중요하게 취급한 사상가 중 한 명입니다. 에토 준은 『포옹가족』(1965)이 나온 직후 67년에 쓴 『성숙과 상실成熟と喪失』이라는 매우 유명한 평론에서 이 소설을 다루고 있습니다. 『성숙과 상실』이라는 제목은 이 평론의 결론을 명확하게 요약하고 있습니다. 상실한 것은 상징으로서의

어머니이며, 성숙이란 아버지다운 것으로의 성숙을 말합니다.

예를 들어 이 소설에 관해서 에토는 다음과 같이 논합니다. 주인공은 처와의 사이에서 어떤 자연적 관계, 처와의 사이에서 자연적인 공간이라는 것, 혹은 좀 더 이야기하면 여성적인 혹은 모성적인 공간으로부터 소외되어 있다고 지적합니다. 즉 처와의 자연적인 관계라든가 모성적인 것을 상실하고 있다고 말입니다. 이런 상태를 에토는 이 작품에서 읽어내고 있습니다. 에토는 이 시기의 일본 소설 속에서 어머니, 즉 자연의 상실이라는 것이 매우 중요한 테마가 되고 있다고 하면서 이를 문제시합니다. 그러나 자연의 상실이라든가 어머니의 상실이라는 것은 불길한 것이지만 '액이 오히려 복'이 될 수 있다는 것이 이 평론에서의 에토의 주장입니다.

어머니의 상실, 자연의 상실이야말로 아버지적인 혹은 남성적인 성인으로 성숙할 수 있는 절호의 기회가 될 수 있다는 것이 에토의 생각입니다. 간단히 말하면 모성적인 자연과의 전통적인 관계에서 이탈하여 근대적인 성인이 될 결정적인 기회라고 생각하고 있는 것입니다. 『미국의 그늘』에서 가토 씨는 이 소설에 대해서 좀 더 치밀한 구조를 읽어내야 한다고 말하며 에토의 독해에 대해서 반론을 제기하고 있습니다. 하지만 여기에서는 그런 세부적인 부분은 접어두고자 합니다. 오히려 에토가 생각하고 있는 것에 근거해서 사고하는 편이 알기 쉬운 점이 있습니다. 즉 여기에 모성적, 어머니다운 것, 혹은 자연적인 것의 상실이라는 것이 그려져 있고, 이것과의 관계 속에서 그때까지의 미국과 일본의 관계에 대한 위화감이 배태되어 왔다, 그렇게 읽어두고 싶습니다.

좀 더 부연하면 이렇습니다. 이제부터 말하는 것은 하스미 시게 히코蓮實重彦[28])가 말한 것과 관계가 있습니다. 『포옹가족』은 가족에 관한 소설이지만 가족에 관한 대중적인 이미지를 소설 이상으로 드러냈다는 점에서 오늘날에는 거의 사라져 버린 홈드라마를 내재하고 있습니다. 홈드라마는 1950년대 혹은 60년대 후반 정도에 한 시대를 풍미했는데, 홈드라마보다 앞서 영화에 나오는 가족 이미지가 있습니다. 이런 것의 전형은 일반적으로 두 종류가 있는데, 하나는 '어머니물'이라는 것입니다. '어머니물'이라는 것은 대체로 헤어진 어머니를 찾아간다는 이야기로 상당히 패턴화된 이른바 저속한 것입니다. 다른 하나는 '소시민영화'라 불리는 부류입니다. 이것의 전형적인 이미지는 오즈 야스지로小津安二郎[29])의 영화에서 볼 수 있습니다. 어머니물이든 소시민영화이든 홈드라마와 비교해 보면 어떤 차이가 있습니다. 예를 들어 오즈 야스지로의 영화를 생각해 보면 좋은데, 오즈 야스지로의 영화에서는 딸의 결혼이 종종 테마가 됩니다. 이때 딸과 아버지의 관계는 묘하게 밀접합니다. 거의 근친상간적 관계가 있는 것은 아닐까 라고 생각되는 그런 공간이 있습니다. 즉 70년대보다 앞선, 예를 들어 60년대 전후 정도까지 유행

---

28) 하스미 시게히코 : 1936~. 문예평론가. 도쿄대 총장 역임. 문예잡지 「바다(海)」에 실린 푸코 등 프랑스 현대사상에 대한 평론이 화제를 모았으며 현대사상에 관한 논평이나 비평문을 다수 기고하였다.

29) 오즈 야스지로 : 1903~1963. 일본 영화의 거장. 「참회의 칼날(懺悔の刃)」로 데뷔하였으며 「대학은 나왔지만(大学は出たけれど)」, 「태어는 났지만(生れてはみたけれど)」과 같은 유머 넘치는 작품의 감독으로서 널리 알려져 있으며 전후 가족간의 유대감을 그린 영화가 많다.

처럼 만들어진 오즈 야스지로의 영화를 보면 어머니 혹은 여성이라는 것을 핵으로 한 모성적인 혹은 근친상간적인 공간이 있었던 것입니다. 이것이 어찌된 일인지 늦어도 70년대 정도가 되면 거의 사라져 버립니다. 그런 구조도 있다는 느낌이 듭니다. 이것과 에토가 문제시하는 어머니, 자연의 상실이라는 문제와는 어쩌면 평행성이 있는지도 모르겠습니다.

미국과의 재조우

어쨌든 제가 말하고 싶은 것은 60년대 말기 정도부터 미국과 일본의 관계에 미묘한 차이가 일어나고 있다는 것입니다. 그리고 그 차이는 에토의 감각으로 말하면 어머니 혹은 자연의 상실이라는 것과 결부되어 있습니다. 에토는 『성숙과 상실』이라는 평론에서 어머니의 상실이 근대적인 부성의 확립으로 무난히 이어진다면 좋을 거라고 생각했지만 실제로는 그렇게 되지 않았습니다. 거기에 에토의 사상적 고뇌의 원천이 있습니다.

그래서 에토는 잃어버린 어머니 혹은 자연을 보충하는, 그 빠진 부분을 보완하는 것을 자신의 사색의 핵심과제로 탐구하게 됩니다. 그것은 우선 예를 들어 당시 에토 준이 "자신이 쓴 것 가운데 가장 중요한 작품이다"고 말한 『일족재회―族再会』라는 작품에 의거해 말한다면, 잃어버린 자연을 대신하여 '혈연'을 제기합니다. '혈연'의 동일성은 자연의 동일성과는 약간 다릅니다. 혈통이라는 것은

예를 들면 왕권이나 천황제 같은 것을 보면 알 수 있듯이 혈족의 정통성이라는 것을 토대로 하여 국가라는 것에 연결됩니다. 그 '국가'라는 것을 구체적으로 제기한 것이 1976년부터 전부 5권에 걸쳐 쓰인 『바다는 소생한다海は甦える』라는 에토의 작품입니다.

다시 한 번 정리하면 자연＝어머니가 있고, 에토의 입장에서는 이것이 본래는 근대적인 남성적 주체로 전환되어야 했는데, 그렇게 되지 못했습니다. 그 어머니(모성적인 것)를 대신하는 것이 처음에는 혈연입니다. 이어서 그 혈연을 매개로 해서 모성적인 것이 국가로 치환됩니다. 이러한 전환의 결과 에토가 발견한 것은 무엇일까요? 그것이 실은 미국입니다. 에토가 미국의 필요성을 결정적으로 자각한 것은 오히려 이런 전환을 경험한 이후, 즉 70년대부터입니다.

앞서 말한 것처럼 일본의 전후는 어떤 의미에서는 자명하지만 미국으로의 종속이라는 형태로 나타나고 있습니다. 그러나 미국으로의 종속이 단순히 우연적이고 정치적인 역학으로서가 아니라 일본인의 정신 구조의 유지를 위해 필요하다고 에토가 느끼게 된 것은 오히려 70년대 이후의 일입니다. 이 경우 에토 준이 추구하는 미국과의 관계는 물론 대미종속이 아니고, 이상적으로는 미일대등의 파트너십에 있습니다.

그러나 그렇게는 되지 않는다는 것을 에토도 잘 알고 있습니다. 이것이 에토의 딜레마입니다. 즉 일본이 내셔널한 정치적 아이덴티티를 확보하기 위해서는 미국과의 관계가 대등해야만 합니다. 그러나 일본의 안전보장, 시큐리티security라는 것을 생각하면 대미종속이나 미국의 선의에 기대는 것은 피할 수 없습니다. 즉 대등하지 않을 수 없지만 한편으로는 종속될 수밖에 없습니다. 이것을 어쨌든 근본적으로 중요한 사실로 수용하면서 여기서부터 출발하는 수밖에 없습니다. 이것이 에토의 기본적인 사고입니다.

가토 노리히로는 『미국의 그늘』이, 에토 준이 다나카 야스오田中康夫[30]의 『어쩐지 크리스탈なんとなくクリスタル』(1980)이라는 작품을 대단히 높게 평가한 사실에 대해 고찰하고 있습니다. 『어쩐지 크리스탈』은 당시 대부분의 비평가로부터 별 볼일 없는 작품이라는 평가를 받았지만 에토만은 높게 평가했습니다. 이에 대해서 에토는 일반적으로 좀 더 좋은 평가를 받은 『한없이 투명에 가까운 블루』(1976)라는 작품에는 비판적입니다. 이러한 에토의 일견 모순되는 듯이 보이는 두 개의 평가 사이에는 수년의 시간차밖에 없습니다. 이것을 어떻게 생각해야 할까요? 에토에게 두 개의 작품 차이는 어디에 있는 것일까요? 결론적으로 말하면 다나카 야스오의 『어쩐지 크리스탈』은 지금 말한 일본이 놓인 딜레마적 상황을 직시하고 그래서 이것을 받아들인다는 각오 위에서 쓰였다는 것입니다. 이것에 에토는 감복한 것입니다.

---

30) 다나카 야스오 : 1956~. 전 나가노(長野)현 지사. 제17회 문예상 수상작품인 데뷔작 『어쩐지 크리스탈』은 기성문학의 형태에서 일탈한 문체나 시점이 화제가 되어 당시 일본문학계에 큰 충격을 주었다. 순문학을 중시하는 문학계나 언론으로부터 그의 작품에 대한 찬반 양론이 분분하기도 했다.

집요한 자연

이번에는 마루야마 마사오의 작업을 살펴보고자 합니다. 에토는 1970년 정도를 경계로 자연의 상실이라는 현상에서부터 사고하기 시작해, 일본과 미국의 새로운 관계에 대해 깊이 생각하지 않을 수 없었다고 말했습니다. 그런데 이에 대해 마루야마 마사오는 매우 일관된 작업을 해 온 것처럼 보이지만 실은 잘 살펴보면 1970년대 부근에서—어쩌면 실제로는 1960년대부터 조금씩 신행되고 있었던 것인데—중요한 전환을 보이고 있다고 봅니다. 그 전환을 여실히 보여주는 것이 '역사인식의 고층歷史意識の古層'과 '정치의식의 고층政治意識の古層'이라는 '무엇 무엇의 고층'이라는 논문입니다. 특히 '역사인식의 고층'이 가장 잘 알려진 논문입니다. 마루야마 마사오는 일본문화는 결코 사라지지 않는 기저부에 의해 규정되어 왔다고 주장합니다. 그는 이 기저부를 비유적으로 '집요저음執拗低音'이라 부르고 있습니다.

우선 바로 알 수 있는 것부터 지적하면, 마루야마가 말한 것은 에토가 보고 있던 것과 완전히 반대입니다. 에토는 1970년 정도를 경계로 고도성장을 거친 이후 일본이 자연, 즉 어머니를 상실했다는 사실을 발견하고 있습니다. 이에 대해 마루야마가 집요저음이라 부르는 것은, 결론을 먼저 말하자면 바로 '자연'인 것입니다. 에토는 사라졌다고 말하고 있는 자연, 그것을 마루야마는 일본문화 속에서 없애려 해도 없앨 수 없는 집요저음으로 발견하고 있습니다.

마루야마는 고대로 거슬러 올라가—구체적으로는 고지키古事記를 전거로 해서—주장하는 것인데, 자연은 한마디로 정리하면 '계속해서 그렇게 되는 기운'이라는 말로 요약됩니다. 이것은 '된다'와 '계속해서'와 '기운'이라는 세 개로 분해됩니다. '된다'는 것은 '그렇게 되어'가는 것으로, 스스로 생겨나는 생성을 가리키고 있습니다. 또 '계속'이라는 것은 계속해서 생겨나는 계기繼起이며, '대물림'이라 할 때의 '물림'이 이것입니다. 그리고 '기운'은 현재를 추진력으로 해서 새로운 과정이 한 방향으로 반복되는 것으로, '시세時勢'라는 것은 이러한 '기운'과 관계되는 말이라고 주장하고 있습니다. 요컨대 이것은 앞서 문제가 되었던 '작위'의 논리의 대립항으로서의 '자연'의 원리인 것입니다. 이러한 '자연'에 입각한 태도를 마루야마는 일본문화의 사라지지 않는 기저부로서 추출한 것입니다.

그렇다고 하면 원래 마루야마가 처음에 생각하고 있던 것으로부터 분명한 전환이 보입니다. 앞서도 언급했지만 마루야마는 원래 일본문화 속에 근대의 맹아를, 작위의 논리와 연결되는 것을 발견하려고 했습니다. 그런데 최종적으로 일본문화 속에는 작위가 아니라 어떻게 해도 사라지지 않는 자연이 있다는 것을 발견한 것입니다.

앞서 우리들은 이런 가설을 세웠습니다. 전후 민주주의가 가진 계몽과 비판, 혹은 작위라는 것을 가능케 해 주는 초월적인 타자의 시점에 의거하고 있으며, 그것의 사회적인 리얼리티는 미국으로 상징되는 타자에 의해 제공된다는 가설 말입니다.

그렇다면 지금 말한 마루야마의 변절은 어떻게 봐야 할까요? 마루야마가 최후에 발견한 것은 자연과 길항하는 작위의 장소가 이제는 존재하지 않는다는 것입니다. 자연과 긴장관계를 가지고 길항하는 작위를 위한 초월적 시점의 장場, 그런 초월적 타자가 일본문화에서 유의미한 것으로 더 이상 존재하지 않을지도 모른다고 말하는 것입니다.

초월적인 타자는 구체적으로는 미국과의 관계 속에서 리얼리티를 확보하고 있을 가능성이 높다는 것이 저의 가설인데, 전후 일본과 미국과의 관계가 어쨌든 크게 변질됐다는 것이 마루야마의 논의의 지식사회학적 토대가 되었다고 생각합니다. 즉 어느 시기부터인가 미국이 초월적인 타자의 시점을 사회적으로 리얼리티가 있는 것으로 발효發效시키는 심급으로서 기능하지 않게 되어버린 것입니다.

울트라맨의 좌절

이어서 말하면 울트라맨 시리즈도 1970년대 무렵에서 좌절합니다. 구체적으로는 가네시로 씨가 시나리오를 쓰지 않게 됩니다. 그는 오키나와로 돌아가 류큐 내셔널리즘을 위해 활동을 하게 되는데 결국 불우한 죽음을 맞이하게 됩니다. 이것은 가네시로 씨가 이상으로 삼았던 것을 울트라맨에게 의탁해서 표현하는 것이 70년경에는 어렵게 되었다는 것을 보여주는 것으로 생각됩니다.

앞서 '울트라맨'과 지구인의 관계에 미일안보조약적인 관계(그리고 일본과 오키나와의 관계)가 표상되어 있다는 사토 겐시 씨의 생각을 소개했습니다. 이 설에 입각한다면 울트라맨 시리즈의, 혹은 가네시로 씨의 좌절은 미일안보를 명백한 것으로 지탱하고 있었던 미일관계의 심적인 기반과 같은 것이 크게 변화하고 상실되어 가고 있었다는 것을 암시합니다.

그렇다면 초기 울트라맨 시리즈는 어디에서 좌절하고 있는 것일까요? 그것은 앞서 제가 약간 바보스럽다고 한 문제, 즉 울트라맨이 지구인을 지키는 것에 어떤 필연성이 있는가라는 문제에 답할 수 없게 되어 버린 때입니다. 그래서 이야기 속에서도 우주인이 반박하거나 논리적인 공격을 하는 것입니다. 우주로부터 온 발탄성인 따위가 계속해서 죽는 것은 인도적으로 볼 때 매우 문제입니다. 왜냐하면 이것은 난민이 왔을 때 바로 죽이는 것과 같기 때문입니다. 여권도 갖지 않은 난민이 왔을 때 바로 죽인다는 것은 지나친 일입니다. 울트라맨 시리즈는 생각하기에 따라서는 대단히 폭력적인 지구인을 울트라맨이 지원하고 있는 것이 되어 버립니다. 그래서 울트라맨이 그런 지구인의 가당치도 않은 행동을 왜 지원하는가라는 것을 변증하는 것이 결국 불가능해집니다. 울트라맨 시리즈가 적어도 가네시로 씨의 손에 의해 어느 시기부터는 나올 수 없게 되어 버린 것의 근원에는 이런 문제가 있다고 생각합니다.

사토에 의하면 원래 울트라맨에 대한 신뢰는 일본인의 미국의 선의에 대한, 혹은 류큐인의 일본인에 대한 선의에 무조건적이고 무근거한 신뢰의 반영이었습니다. 그렇다면 울트라맨의 좌절은 미국의 선의를 자명한 것으로 전제한 단계가 끝나고 있다는 것을, 그런 전제를 지탱하고 있었던 국제관계를 포함한 사회구조가 상실되었다는 것을 암시하고 있다고 봅니다.

'언젠가 버려질지도 모른다'

에토도 마루야마도 1970년대를 전후에서 큰 사상적 전환을 시도합니다. 그러나 그 전환의 방향은 완전히 반대인 것처럼 보입니다. 그러나 두 사람의 일견 반대 방향을 향한 전환은 상보적인 관계에 있다는 것을 이제부터 논하고자 합니다.

우선 마루야마의 집요저음론이 보여주는 것은 작위의 논리에 설득력을 세공하던 초월적 타사의 시점이 사회적으로 소멸되고 있나는 것입니다. 그 초월적인 타자에게 사회적인 실효성을 부여하고 있던 것이 미국입니다. 그렇다면 마루야마 논의의 변화는 미국의 실재감이 일본인에게 희박해졌다는 것이 무의식적으로 규정되고 있다는 것을 암시하고 있을지도 모릅니다.

그러면 에토의 경우는 어떨까요? 에토는 오히려 70년대를 경계로 미국이 일본에게는 매우 중요하다는 것을 한층 더 자각하고 있습니다. 에토는 앞서 말한 것처럼 자연의 상실이라는 인식에서 출발하고 있습니다. 여기에서 잃어버린 것으로 간주되는 자연이란 무엇일까요? 자연은 로컬하고 특수한 공동성입니다. 그 내부에 많은 규범과 기대가 자명하여 그것을 안심하고 전제로 할 수 있는 공동성, 그러나 그 대신 어떻게 해도 로컬할 수밖에 없으며, 많은 부담이 가해진 자명한 전제로 인해 특수할 수밖에 없는 공동성, 이런 공동성이 자연으로서 체험되는 것입니다.

앞서 일본이 내셔널한, 즉 특수한ー따라서 로컬한ー공동성으로서의 아이덴티티를 유지하는 것이 가능했던 것은 그 아이덴티티를 긍정적인 것으로 승인하는 미국이라는 보편적인 시점이 있었기 때문이라고 논했습니다. 그렇다면 '자연'이 상실된 것처럼 느껴지는 것은 바로 그 자연적인 공동성을 승인하는 보편적인 시선이 그 효력을 잃어버렸기 때문이 아닐까요? 그렇기 때문에 잃어버린 어떤 보편적 시선을 담당할 초월적 타자, 요컨대 일본을 긍정하는 타자로서의 미국을 새롭게 필요로 한다는 것이 됩니다.

간단히 말하면 에토가 미국이 중요하다는 것을 발견한 것은 미국에 대한 신뢰가 위태로워지고 있었기 때문입니다. 앞서 언급한 다나카 야스오의 『어쩐지 크리스탈』이란 작품이 에토에게 중요한 이유는 그 부분에 있습니다. 『어쩐지 크리스탈』은 간단히 말하면 다음과 같은 이야기입니다. 모델인 아름다운 여자가 주인공인데, 그녀에겐 연인인 남자가 있어서 그 두 사람이 동거 아닌 동거관계에 있습니다. 주인공인 여자는 잠시 외도를 하기는 하지만 역시 연인인 남자가 좋다는 이야기인데, 그 사이에는 그야말로 미국적이라고 할까, 서구적인 브랜드에 대한 화제가 여기저기 쓰여 있습니다. 브랜드 이야기도 중요한데 여기서는 잠시 접어둡시다. 문제시하고 싶은 것은 주인공인 여자가 일본이고, 이에 대해 연인인 남자가 미국이라는 구조입니다. 그 두 사람의 관계가 주인공에게는 반드시 필요한 관계입니다. 여러 번 외도를 했지만 역시 그와의 관계에 변화는 없습니다. 그와의 섹스 이상으로 좋은 것은 없다고 생각합니다. 그러나 여기에서 미묘한 변화가 일어납니다. 아무래도 그가 새로운 여자를 만난 듯한 느낌이 있습니다. 그래서 여자는 자신은 버려질지도 모른다는 위기감을 갖게 됩니다. 즉 미국과 자신과의 관계가 숙명적으로 연결되어 있는 것이 아니라, 미국의 우유적인—변할 수 있는—선의에 의해 겨우 연결되고 있을 뿐으로, 이저럼 언제 무너질지 모르는 양자관계는 매우 불안정한 관계라는 자각이 『어쩐지 크리스탈』이라는 작품 속에 나타납니다. 이 작품은 이미 80년대에 들어와 있지만, 어쨌든 에토에게 미국이 중요하다는 것은 미국과의 관계가 자명성을 잃고 있다는 것의 반작용으로서 나오고 있습니다.

그럼 미국과의 관계가 변질된 것은 일본인의 정신에 어떠한 현상적인 귀결을 초래한 것일까요? 미국이 초월적인 타자이고 이에 대해 일본이 종속되는 구도가 사라지고 있다는 것입니다. 바꿔 말하면 어떤 의미에서는 일본이라는 나라가 고도성장을 거쳐 미국이라는 초월적 심급, 초월적 타자의 장소에 접근하는 구도가 등장한 것입니다. 그것이 70년대 초반에 일어나기 시작한 현상입니다. 그러자 일본 자신이 이미 미국과 같은 초월적인 타자라는 환상이 태어납니다. 미국이란 요컨대 세계 혹은 보편적인 세계 그 자체입니다. 미국의 초월성이 소멸된다고 하는 것은 일본을 미국이 점하고 있던 장소에 겹쳐서 보는 것이 가능하다는 감각을 낳는 것입니다. 일본은 객관적으로 보면 로컬한 공동체임에도 불구하고 그 자체로 세계이다, 보편적이다, 라는 믿음이 여기에 등장하는 것입니다.

여기에서 우리들은 최초의 화제로 돌아가게 됩니다. 70년대 이후 일본인에게 자신이 일본인이라는 의식이 뒤로 물러나 버렸다는—그래서 예를 들면 '쇼와 몇 년대'라는 시대 구분이 설득력을 상실해 버렸다—이런 것을 말했습니다. 일본인이라는 속성이 70년대를 경계로 다수의 일본인에게 별 상관이 없는 상대적이며 중요도가 낮은 성질로 느껴지고 있는 것입니다. 그것은 일본인이라는 것이 그대로 세계시민이라는 것으로 연결되기 때문입니다. 일찍이 '쇼와 30년대'라 불리는 단계에서 일본인은 미국이라는 보편적인 시점 안에서 일본은 로컬한 한 분자라는 구조 속에서 살았습니다. 이에 대해 미국의 포지션에 일본 자신을 겹쳐보는 것이 가능하다는 환상이 지배하기 시작할 때에는 일본인이라는 것이 그대로 세계성으로 결론지어지기 때문에 일본인이라는 한정이 의미를 상실해버리는 것입니다. 그러나 객관적으로는 완전히 로컬하고 특수한 공동체의 관행에 따르고 있을 뿐인데도, 자신을 세계적이라 믿는 것만큼 실로 세계성이 결여된 로컬한 태도도 없을 것입니다.

결여의 결여

이렇게 해서 전후 전반부까지 도달했습니다. 후반부의 전개에 관해서 상세히 논할 여유가 없는 관계로 여기에서는 간단히 보조선 정도를 그어두고자 합니다. 앞서 울트라맨의 이야기를 했는데, 60년대 말기의 울트라맨을 대신해 70년대 이후로는 『기동전사 건담』 시리즈가 중요합니다. 이것은 80년대 초반에 나와 오늘날까지 계속되고 있는데, 울트라맨이 보여준 어떤 종류의 인터내셔널한 관계를 우주로 투영하고 있습니다. 거기에는 울트라맨 대신에 모빌슈트가 나옵니다. 이 '모빌슈트'를 핵심으로 한 작품 계열에서 가장 유행한 것이 『신세기 에반겔리온』입니다.

모빌슈트는 조종사가 그 내부에 탑승하여 조종하는 로봇과 같은 것입니다. 재미있는 것은 종종 모빌슈트와 그 탑승자 사이에 독특한 커뮤니케이션 관계가 상정된다는 것입니다. 『신세기 에반겔리온』에서는 '에반겔리온'이라 불리는 인조인간이 모빌슈트에 대응합니다. 『신세기 에반겔리온』에서는 그 상호적 관계가 '공명synchro'이라는 말로 표현되고 있습니다. 즉 에반겔리온은 탑승자의 신경계와 에반겔리온의 신경계 사이의 직접적인 공명·공진에 의해 움직이는 것입니다.

이 모빌슈트, 혹은 그 최신판으로서의 에반겔리온과 같은 인조인간은 무엇을 상징하고 있을까요? 누가 보아도 분명한 것은 그것은 여성의 자궁입니다. 일찍이 에토는 60년대 말에 어머니의 상실이라는 것을 발견하고, 어머니를 상실한 이상 아버지의 확립으로 이어질 것이라 말했습니다. 그러나 실제로 에토의 기대와는 반대로 한 번을 돌아서 다시 어머니로 돌아오는 상황, 다시 말해 어머니가 재상정되는 전환이 일어난 것입니다. 『신세기 에반겔리온』이란 이름 —'아담과 이브'의 이브(에바)—도 그것이 분명하게 어머니와 모성의 상징임을 보여주고 있습니다.

그러나 『신세기 에반겔리온』의 TV판(1995~96)의 최후는 매우 의외의 결말로 되어 있습니다. 사실 TV판 종결부의 의미를 둘러싸고 오타쿠들 사이에 많은 논의가 있습니다. TV판 마지막에는 황당하게 '아버지 고마워요, 어머니 안녕'이라는 결론의 메시지가 나옵니다. 이것은 정말로 황당합니다. 왜냐하면 지금까지의 스토리에서 예상되는 것과는 전혀 반대로, 아버지가 긍정되고 어머니가 부정되기 때문입니다. 그렇다면 왜 이런 역전이 일어난 것일까요?

또 한 가지 『신세기 에반겔리온』에 관해서는 다음과 같은 것을 말해두고 싶습니다. 저는 70년대 초두의 시대를 '이상의 시대'로 보고 있습니다. 이상의 시대란 사람들이 자신에게서 '결여'를 느끼는 시대입니다. 즉 이상을 가진다는 것은 이상이 결여된 현재를 산다는 것이 됩니다. 따라서 예를 들면 이러한 시기의 문학, 사상, 표현 활동 그리고 하루하루의 활동이란 모두 결여를 메우는 행위가 됩니다. 그런 시대가 이상의 시대입니다.

이에 대해 70년대 이후는 이른바 결여가 없는 시대라고 봅니다. 이것도 역시 가토 씨가 어떤 강연 속에서 말한 것입니다. 가토 씨는 무라카미 류村上龍의 『토파스』란 단편집을 매우 좋아한다는 것부터 시작합니다. 그 단편집은 못생긴 여성에 관해 쓰고 있습니다. 못생긴 매춘부에 관한 것이 가득 쓰여 있습니다. 무라카미 류는 "자신은 못생긴 여자가 너무 싫다"라고 쓰고 있는데, 『토파스』의 주인공들이 매우 생기가 있다, 이것이 너무 멋있다, 왜 멋있는가, 그 이유를 말하고 있습니다.

무라카미 류는 사잔 올스타즈southern all stars[31]를 높게 평가해서 사잔 올스타즈 이후 처음으로 일본에 진정한 팝이라는 것이 생겨났다고 다른 곳에서 언급하고 있습니다. 왜 그럴까요? 왜 사잔 이전에는 일본에 팝이 없었다는 것일까요? 결론적으로 무라카미는 일본인

---

31) 사잔 올스타즈 : 1978년 데뷔 이래 30년간 꾸준히 인기를 유지하며 음악활동을 하고 있는 일본의 밴드. '사랑하는 엘리いとしのエリー', 'TSUNAMI' 등은 한국에서도 리메이크되어 널리 알려져 있다.

이 빈곤했기 때문이라고 말합니다. 즉 결여하는 것을 에너지원으로 해서 살고 있는 동안에 진정한 팝은 태어나지 않습니다. 이에 비해 결여를 에너지원으로 하지 않는 삶의 방식이 적어도 70년대 후반에는 나오고 있습니다. 그것이 80년대에 개화했다는 것입니다. 즉 결여를 자각한다는 것은 괴로운 일입니다. 물질적 의미이든 정신적 의미이든 뭔가가 자신에게 결핍되어 있어서 괴롭다, 이 '아, 괴롭다'라는 감각은 르상티망ressentiment이 됩니다. 문학도 사상도 그리고 음악도 이 르상티망의 표현 혹은 르상티망과의 갈등의 표현이 되어 버린다는 것입니다.

이에 대해 빈곤하지 않다는 것은 단지 돈이 있다는 것이 아니라 결여가 일반적으로 없다는 것입니다. 자신은 어떤 것도 결여된 것이 없다, 따라서 르상티망은 없다, 그러나 자신은 어떤 결여도 없지만 멋있는 것은 멋있다고 느낀다, 예쁜 여자는 예쁘다고 생각하고 자고 싶다고 생각한다, 요컨대 결여 없이 자연스럽게 생겨나는 과잉된 욕망과 쾌락이 있습니다. 이러한 결여와는 관계없는 과잉된 쾌락을 긍정하는 것이 70년대 이후의 스타일이고 이러한 토양에서 팝도 태어날 수 있다는 것입니다. 70년대의 전반을 경계로, 결여에서 유래하는 르상티망의 시대에서 결여가 없는 시대로의 이행이 일어난 것입니다. 팝의 등장은 이상의 시대의 종결을 상징적으로 보여주고 있습니다.

이것을 전제로 할 때 『토파스』라는 작품이 왜 멋있는가가 설명됩니다. 이 소설의 주인공은 못생겼습니다. 70년대 이전의 문맥에서 못생긴 것은 결여입니다. 미美라는 가치의 결여인 것입니다. 못생긴 여자는 모두 르상티망을 품지 않을 수 없습니다. 그런데 『토파스』의 여자는 못생겼지만 르상티망을 품고 있지 않습니다. 그 부분이 좋습니다. 결여가 아닌 과잉된 쾌락에 준하는 스타일이 일단 성립하면, 객관적으로는 결여로 보이는 경우에도 어느덧 결여에 대해서 르상티망을 느끼지 않고, 과잉된 쾌락에 대한 태도와 마찬가지의 관계를 가지고 살아가는 것이 가능하게 됩니다. 이것이 『토파스』란 작품입니다.

여기까지는 가토 씨의 생각입니다. 저는 이것을 참고로 앞선 『신세기 에반겔리온』과 관련지어 논하고 싶습니다. 예를 들어 『신세기 에반겔리온』 속에 인류보완위원회, 인류보완계획이라는 것이 나옵니다. 인류보완계획이라는 수수께끼 같은 계획이 『신세기 에반겔리온』 속에서 진행되고 있습니다. 저는 처음에 인류보완계획을 인류의 수가 극단적으로 줄어버렸기 때문에 어떻게든 인구를 늘리려는 계획인가라고 생각했습니다. 왜냐하면 현재 두 번째 충격에 의해 지구의 인구는 몇 분의 일이 되어 버렸다는 이야기가 나오기 때문입니다. 그러나 그런 것이 아니었습니다. 인류보완계획은 인구가 모자란다는 것이 아니라 좀 더 다른 의미에서, 즉 정신적으로 결여되어 있는 것을 전제로 한 계획입니다. 결여된 것을 보완하지 않으면 안 된다, 인류를 결여를 보완한 완전한 존재로 진화시키는 계획, 이것이 인류보완계획입니다. 이 보완을 애니메이션은 유사생물학적으로 군체群體로서의 인류를 완전한 단일체로 진화시키는 것, 즉 파편화되어 살아가고 있는 인류를 전체로서의 단일한 개체로 만드는 것이라고 설명하고 있습니다.

저는 가토 씨의 논의를 근거로 70년대 이후에는 결여를 전제로 한 삶의 방식이 끝났다고 말했습니다. 그런데 '인류보완계획'이란 발상은 실로 보완되어야 할 정신적 결여를 전제로 하는 것이 됩니다. 역시 어떤 시발적인 결여를 전제로 한 발상입니다.

이 모순을 어떻게 생각해야 할까요?

정리하면 이렇습니다. 우선 이상의 시대는 결여를 전제로 한 스타일의 시대입니다. 뒤이어 결여의 부재라는 단계가 옵니다. 그리고 90년대의, 즉 『신세기 에반겔리온』의 시대에 젊은이는 나시 결여를 느끼게 됩니다. 그러나 이 세 번째 단계에서는 무엇이 결여되어 있는 걸까요? 생각건대 구체적으로 특정할 수 있는 뭔가—예를 들면 돈이라든가 사회주의와 같은 와야 할 이상사회라든가—가 결여되어 있지 않습니다. 결여되어 있다고 한다면 그것은 결여 그 자체입니다. 즉 어떤 것도 결여되어 있지 않은데 결여됐다는 느낌을 느끼고 있는 것입니다. 이것은 자기모순적인 결여입니다. 결여가 극복되었을 때 이번에는 결여가 실로 부재한다는 것에 결여감을 느끼는 단계가 오는 것입니다. 그것이 현재입니다.

제가 여기서 말한 것은 결여의 시대가 끝나고 있다는 것까지입니다. 따라서 다음에 두 개의 단계가 기다리고 있습니다. 그 이후에 결여의 부재라는 공간이 있으며, 거기에 결여의 부재가 결여로 전환되는 공간이 있습니다. 이 전환을 어떻게 생각할 것인가, 이것은 이후의 과제가 됩니다. 이것을 통해 지금이 전전이라는 것의 의미를 생각해 보고 싶습니다. 그리고 나아가 전쟁에서 사상의 표현이 불가능했다는 것의 의미를 한 번 생각해 보고 싶습니다.

2부
'근대의 초극'과
포스트모던

1.
취약한 천황

근대의 초극

오늘은 잘 알려진 '근대의 초극'론에 대해 이야기하려 합니다. 지난번에는 '전후사상의 현재성'이라는 제목으로 일본의 전후사상을 1945년부터 1970년 전후 정도까지 조망하면서, 그즈음에 하나의 전환이 있었다는 말씀을 드렸습니다. 그리고 미국에 관한 이야기도 했습니다. 여기서 미국이란 사상 그 자체라기보다 미국에 대해 일본 사회가 가지고 있는 사회적인 관계를 의미합니다. 물론 이것은 일본에게만 한정되는 것은 아니지만, 특히 일본에게 미국은 대단히 중요한 의미를 가집니다. 저는 사회적 레벨에서 미국에 대응하는 것을 사상적 레벨에서 보면 어떻게 될까를 생각하면서 논의를 해 왔습니다.

저는 미국이 사회적이고 현실적 기반으로 간주되는 입장, 즉 초월적인 타자로 간주되는 입장을 취함으로써 전후지식인의 비판적 담론이 가능했다고 말했습니다. 그런데 1970년경에 오면 여기에 어떤 전환의 조짐이 일어납니다. 즉 이 시기를 경계로 이 초월적인 타자의 초월적인 효력과 같은 것이 약화되는 것처럼 보입니다. 1945년부터 전후 1970년경까지 세어 보면 딱 25년 걸렸습니다. 지금이 1997년이므로 1970년부터 대략 4반세기가 지났습니다. 그러면 약 25년간의 사상에 대해 논의하는 수순이 되는데, 오늘은 일부러 우회로를 택하고 싶습니다.

우회로를 선택한 이유는 지난번(앞의 장) 강의의 초반에 그 해답이 있습니다. 지난번에 '전후'를 하나의 완성된 기간으로 논할 수 있는 근거에 대해 현재가 바로 전전戰前이기 때문이라는 점을 말씀드렸습니다. 일본의 전후 50년에 대해 약 60년 전과 거의 같은 대응관계를 발견할 수 있습니다. 그렇다면 현재는 틀림없이 전전에 대응하고 있는 것입니다. 그런 까닭에 직접적으로 현재가 아니라 전전의 사상이라는 우회로를 통해 현재를 생각해 보는 것이 가능합니다. 그리고 전전과 전후의 대응관계를 사상의 수준에서 보았을 때, 상당히 명확한 대응관계가 있다는 것도 알 수 있습니다. 여러분들도 아시다시피 1970년대 말부터 주로 1980년대 말에 걸쳐 이른바 현대사상의 몇 가지 그룹—예를 들면 구조주의나 후기구조주의—의 유행에 연동하는 형태로 포스트모던이 사상의 근간을 이루는 표어(슬로건)로서 한 시대를 풍미했습니다. 그런데 이 시기에 대응하는 '전전'의 사상에도 포스트모던이 있었습니다. 바로 '근대의 초극'론입니다.

여기에서는 '근대의 초극'이라는 사상이 어떤 사회적인 필연성에 의해 등장했는가를 생각해 보고 싶습니다. 그것을 통해 전후 포스트모던을 비춰보자는 것입니다. 전후의 포스트모던에 대한 하나의 복선으로 일부러 '근대의 초극'론이라는 것을 경유한다면 무엇이 보일까요? 그것이 오늘 강의의 목적입니다.

'근대의 초극'이란 말은 여러 사람이 사용했는데, 구체적으로는 이른바 교토 학파라 불리는 철학자들이 중심을 이루고 있습니다. 이들은 전전의 사상에서 철학을 리드했던 사람들입니다. 그들은 아카데믹한 철학의 성격보다는 저널리즘적 성향이 강했는데, 이것은 특별히 나쁜 의미가 아닙니다. 그들의 저작은 전문학회 사람들만이 아니라 일반 대중에게도 강하게 영향을 미쳤습니다. 그런 철학자들이 교토대학 부근을 중심으로 활약했던 것입니다.

교토 학파에 일단 초점을 맞춘 것에는 이유가 있습니다. '근대의 초극'을 가장 좁은 의미로 파악하면 이렇습니다. 1942년(쇼와 17년)에 이미 미국과의 전쟁이 시작되었는데, 이때 〈문학계〉라는 잡지에 '근대의 초극'이라는 제목의 좌담회가 열렸습니다. 이것이 '근대의 초극'이라는 말을 가장 좁은 의미에서 파악할 경우에 해당하는 의미입니다. 지금도 그 좌담회의 기록은 쉽게 접할 수 있습니다. 이 좌담회에는 13명의 논객이 참석했는데, 그들을 크게 세 개의 그룹으로 나눌 수 있습니다. 즉 〈문학계〉에 글을 쓰고 있는 단골 집필진과 소위 일본낭만파라 불리는 사람들 그리고 방금 말했던 교토 학파라 불리는 철학자들로 나눌 수 있습니다. 물론 여기에는 어느 쪽에도 들어가지 않는 수학자 같은 사람들도 약간 포함되어 있습니다. 그런데 이 그룹 가운데 내용은 접어두고, 어쨌든 체계적인 사상을 전개하고 있는 것은 역시 교토 학파입니다.

이 좌담회는 매우 유명하지만 솔직히 그다지 재미는 없습니다. 방담放談 같은 인상이 강하며, 이야기도 그다지 높은 수준이 아닙니다. 사람에 따라서는, 이 낮은 수준이 의미가 있다, 그리고 의식적으로 체계적인 것을 회피하고 있다는 점에 무언가 중요한 의미가 있다고 보는 견해도 있습니다. 이런 주장에도 약간은 일리가 있습니다. 하지만 일반적인 의미에서 보자면 그다지 이론적인 수준은 높지 않은 좌담회입니다. 솔직히 이 좌담회 자체는 꽤 산만합니다.

그러나 제가 여기에서 문제 삼고 싶은 것은 이 좌담회 자체가 아닙니다. '근대의 초극'에 대해서는 많은 사람들이 글을 쓰고 있습니다. 그중에서도 유명한 것이 다케우치 요시미竹內好[32], 히로마쓰 와타루廣松涉[33] 그리고 최근에 가라타니 고진柄谷行人과 같은 사람들의 글인데, 이것들은 모두 좌담회에 한정되어 있지 않습니다. 또한 이 좌담회에 나오지 않은 중요한 사람이 있으며, 앞서 말한 세 파派 중에도 그런 사람이 있습니다. 그래서 이 좌담회만이 아니라 이 좌담회의 타이틀이 상징하고 있는 당시의 사조思潮 전체를 시야에 넣고, 그것을 '근대의 초극'에 관한 논조로 생각하는 편이 좋을 것입

---

32) 다케우치 요시미 : 1910~1977. 중국문학가, 문예평론가. 일본과 중국, 일본문화의 문제를 주로 연구하였으며 이토 세이(伊藤整) 등과 국민문학논쟁을 전개하여 1954년 『국민문학론』을 발표하였다. 대표적인 저작으로 『방법으로서의 아시아』, 『근대의 초극』 등이 있다.

33) 히로마쓰 와타루 : 1933~1994. 마르크스주의 철학자. 도쿄대 교수. 마르크스 사상을 중심으로 이항대립도식을 지양하는 독자적인 철학을 전개했다. 대표 저서로 『마르크스주의의 지평』, 『근대초극론』 등이 있다.

니다.

이 좌담회는 1940년대 조기에 있었는데 실제로는 1930년대를 통해 준비되어 온 일본 사상의 총괄로서 이러한 이름이 주어졌다고 봅니다. 상식적인 이야기이지만 오늘날 많은 사람들이 '근대의 초극'에 깊은 관심을 보내는 이유는 이 담론이 일반적으로 당시 파시즘 혹은 초국가주의 단계로 접어들고 있던 일본 이데올로기의 정수를 표현하고 있기 때문이며, 더욱이 일본의 아시아에 대한 침략을 정당화하고 있다고 생각되기 때문입니다. 즉 일본의 파시즘을 둘러싼 지식인 레벨에서의 표현이 여기에 집중되고 있으며, 바로 이런 이유로 자주 화제가 되는 것입니다.

'도시'의 시대

앞서 잠시 언급했듯이 '근대의 초극'론이 문제가 된 것은 쇼와昭和에 들어와서부터 입니다. 그렇지만 여기서 우선 쇼와 직전의 이야기를 조금 해두고 싶습니다. 쇼와는 1926년부터 시작됩니다. 따라서 '근대의 초극'을 1930년대의 사상으로 본다면 '근대의 초극'으로 대표되는 사상적 흐름은 쇼와 시대로의 전환과 함께 나타났다고 할 수 있습니다. 이것은 다이쇼大正와 쇼와의 경계 지점에 일본의 사상, 아니 그보다 조금 더 넓은 의미의 정신적인 것에 어떠한 단절이 있었다는 것을 암시합니다.

다이쇼 시대는 흔히 데모크라시의 시대라고 말합니다. 즉 다이쇼 데모크라시라는 말이 있습니다. 다이쇼 데모크라시는 일반적으로 민주주의를 의미합니다. 그렇다면 민본주의民本主義와 민주주의는 어떻게 다른 것일까요? 민본주의를 주창한 사람은 요시노 사쿠조吉野作造[34]인데, 그가 말하는 민본주의는 이런 것입니다. 형식적으로는 천황에게 주권이 있지만 천황이라는 주권자와 공존할 수 있는 민주주의, 즉 천황이라는 주권자를 가지는 민주주의를 의미합니다. 오늘날 우리들이 잘 알고 있는 민주주의는 모두가 평등하게 주권을 가진다는 의미입니다. 따라서 단일 주권자를 상정하는 것은 이상한 것입니다. 따라서 민주주의와 공존하는 천황이 있으며, 천황이 궁극적으로 단일 주권을 가지는 민주주의라는 말은 거의 형용모순에 가깝습니다. 그렇다면 이런 표현은 어떻게 성립하는 것일까요?

역으로 말하면 이것은 실질적으로 보통의 민주주의와 다르지 않습니다. 다시 말하면 천황을 없는 것으로 간주한다는 것입니다. 천황은 존재하지만 사람들은 그가 존재하지 않는 것처럼 행동하는 것, 이것이 민본주의입니다. 앞서도 말했지만 메이지, 다이쇼, 쇼와로의 전환을 천황과 국민의 관계에서 봤을 때, 메이지가 '천황의 국민'이라고 한다면, 쇼와의 울트라 내셔널리즘은 '국민의 천황'이라는 표현으로 특징지을 수 있습니다. 그리고 그 중간에 천황이 없는 것과 같은 국민, 즉 '천황 없는 국민'의 단계가 있습니다. 이 단계가 다이쇼 시대에 해당합니다.

---

34) 요시노 사쿠조 : 1878~1933. 다이쇼 시기 민본주의 사상가. 도쿄대 법학 교수. 다이쇼 데모크라시의 기초를 쌓은 인물로, 민본주의를 주창하였다. 대표적인 저작으로 『보통선거론』, 『중국·조선론』 등이 있다.

'천황 없는 국민'이라 하면 어떻게 되는 것일까요? 천황이 일본-당시 표현으로 말하자면-'국체'(내셔널리티)의 근간이 되므로 천황이 없는 국민이란 이미 국민이라는 말이 그 실체를 잃어버렸음을 의미합니다. 나아가 (천황의) 신민臣民이라는 말도 공허한 것이 되어버립니다. 즉 국민 혹은 신민이 아니라 단지 인민이라 생각하면 됩니다. 혹은 시민으로 간주하면 됩니다.

그것은 다음과 같이 바꿔 말할 수 있습니다. 메이지 시대의 사상을 리드했던 키워드는 '국가'입니다. 메이시는 국가의 시대라 말해도 좋습니다. 이에 반해 다이쇼 시대에 국가라는 말은 메이지 시대처럼 유행하지는 않았습니다. 다이쇼 시대에는 국가를 대신하여 '도시'라는 말이 유행했습니다. 즉 '도시'가 이 시대를 상징하는 말이 됩니다. 달리 표현하면 '천황의 국민'인 사회에 이미지를 부여한 것이 '국가', 즉 신민의 집합이라면, '천황 없는 국민'에 이미지를 부여한 것은 '도시', 즉 시민의 집합이었습니다.

논의를 확장하여 앞서 언급한 60년 주기설로 생각하면 다이쇼 시대에 대응하는 것은 1970년대에서 80년대 정도가 됩니다. 돌이켜보면 그 시기에는 도시론이 상당한 붐을 이루었습니다. 즉 이 시기에도 사람들은 도시로 사회의 이미지를 그렸습니다. 저의 경우 마침 그때 연구자로서 첫걸음을 내딛었던 세대에 해당합니다. 제 친구들 중에 우수한 친구들은 도시사회학이라는 것을 했습니다. 이것은 당시 도시라는 관점에서 사회 전체를 조망하는 것이 가능하다는 감각이 널리 공유되어 있었기 때문입니다.

도쿄다이쇼박람회東京大正博覧会

다이쇼 3년, 즉 1914년에 도쿄부東京府 주최로 도쿄다이쇼박람회가 열렸습니다. 원래는 정부가 주최할 예정이었는데 자금 사정으로 도쿄부가 대신 떠맡았습니다. 그런데 이것이 미증유의 대성공을 거두게 됩니다. 일본근대문학 연구자인 다케다 노부아키武田信明 씨는 다이쇼 시대에 대해 쓴 책『개실과 시선個室と〈まなざし〉』에서, 이 박람회를 도시의 시대인 다이쇼로의 이행을 상징하는 이벤트로 평가합니다. 다이쇼 시대가 시작될 무렵, 국가가 아닌 도쿄부가 마침 도시를 테마로 한 박람회를 개최하고 그것이 엄청난 성공을 거두었다는 사실은 정말로 '도시'의 시대에 어울리는 것이라 할 수 있습니다.

그런데 이 박람회에서 두 개의 장군 석고상이 큰 인기를 끌었습니다. 두 개의 장군상 중 하나는 작가가 확실합니다. 다른 하나의 작가는 거의 알려져 있지 않지만 이것은 문제가 되지 않았습니다. 작가가 확실한 석고상은 여러분도 잘 아는 와타나베 오사오渡辺長男[35]의 노기 마레스케乃木稀典 장군 석고상입니다. 노기 장군은 러일전쟁의 영웅으로 1914년에 메이지 천황을 쫓아 자살했습니다.

또 다른 석고상의 주인공을 아는 사람은 지금도 소수일 것입니다. 누군가 하면 아시하라蘆原 장군의 석고상입니다. 이 사람은 노

---

35) 와타나베 오사오 : 1874~1952. 조각가. 도쿄미술학교(현 도쿄예술대학)에 입학하여 불상 조각가인 야마다 기사이(山田鬼斎)에게 사사받았으며, 신진조각가로 주목받게 된다. 특히 인물조각에 능하여 메이지천황 기마상 등을 제작하기도 하였다.

기 장군과 달리 교과서에도 나오지 않고 지금은 거의 잊혀졌지만, 당시에는 굉장히 유명했습니다. 당시 박람회에서 큰 인기를 끌었던 아시하라 장군은 흔히 말하는 육군이나 군대의 장군이 아닙니다. 당시 스가모巣鴨[36)에 있던 정신병원에 장기 입원해 있던 환자입니다. 다케다 씨는 이 사람의 유명세를 보여주는 증거로 당시 백과사전에 아시하라 장군이라는 항목이 있었다는 것을 들고 있습니다. 또 당시 신문은 종종 아시하라 장군을 찾아가 여러 사안에 대해 의견을 빌고 이것을 아시하라 장군의 담화라는 형태로 싣기도 했습니다. 그 정도로 유명한 인기인이었습니다. 텔레비전도 없는 당시에 이것은 오늘날의 와이드쇼와 같은 것이었습니다.

이 사람의 가장 유명한 에피소드는 다음과 같은 것입니다. 메이지 14년(1881) 천황이 도호쿠東北 지방[37)을 순행巡幸할 때, 천황에게 "형님, 좀 기다려 줘"라는 말을 건넸다는 유명한 일화가 있습니다. 즉 그는 약간의 망상을 가지고 있었던 겁니다. 천황에게 "어이, 형님"이라고 말하는 그의 망상이 보여주듯, 아시하라 장군은 진짜 장군이 아닙니다. 오히려 아시하라 황제라 해야 합니다. 왜냐하면 그는 자신을 천황이나 황족쯤으로 생각했기 때문입니다. 다만 그런 식의 호칭은 불경하니까 매스컴에서 장군이라는 식으로 불렀던 것입니다. 덧붙여 노기 장군도 아시하라 장군(아시하라 황제)에게 "용

---

36) 스가모 : 도쿄도(東京都) 도여시마구(豊島区)에 속하는 스가모역을 중심으로 한 지역.

37) 도호쿠 지방 : 혼슈(本州)의 동북부에 있는 일본의 지방. 아오모리현(青森県), 이와테현(岩手県), 미야기현(宮城県), 아키타현(秋田県), 야마가타현(山形県), 후쿠시마현(福島県)의 6개 현으로 구성되어 있으며, 혼슈 전체 면적의 약 30%를 차지한다.

케도 여순旅順에서 애써 주었다"는 '말씀'을 받았다고 합니다. 요컨대 아시하라 장군은 자신을 아시하라 천황이라 생각했던 정신병자이지만 노기 장군과 함께 도쿄다이쇼박람회의 인기를 양분했습니다.

아시하라 황제

이 에피소드를 언급한 이유는 다음과 같습니다. 아시하라 장군은 당시 그와 마찬가지로 병에 걸렸다고 간주되는 다이쇼 천황의 상징적 등가물의 역할을 했기 때문입니다. 양자가 상징하는 것은 '멍청한 천황ボケた天皇'입니다. 이것을 좀 더 학문적으로 말하면 다음과 같습니다. 천황은 초월성이나 숭고성을 띤 존재이고 그 때문에 강력한 실재감을 사람들에게 안겨 줍니다. 그러나 다이쇼 천황은 초월성이나 숭고성을 상실한 천황, 혹은 오히려 마이너스적인 의미의 초월성과 숭고성을 지닌 천황입니다. 초월성이나 숭고성에서 오는 실재감이 사라진 천황입니다.

메이지 천황, 다이쇼 천황, 쇼와 천황, 이 세 사람 중에서 우리들은 다이쇼 천황에 대해서만 유독 빈약한 이미지를 가지고 있습니다. 우리들은 그 이유를 통상 다이쇼 천황의 재위 기간이 다른 두 사람보다 훨씬 짧았으며, 중병에 걸려 전면에 나서는 일이 그다지 없었던 결과라고 생각합니다. 그것도 물론 맞는 말이지만, 당시 아시하라 황제에 대한 인기를 참고로 하면 이렇게 말할 수도 있습니다. 즉 극단적으로 당시에는 '명청한 천황'이 요구되고 있었습니다. 달리 말하면 다이쇼 천황의 실재감이 결핍된 이유는 그가 특별히 병에 걸렸기 때문이 아닙니다. 오히려 다이쇼 시대는 실재감이 결핍된 천황의 시대로 봐야 합니다. 천황이 아니라 국민 쪽의 사정에 의해 무언가 초월적인 분위기가 결핍되고, 초월적인 존재로서의 실재감이 결여된 그런 천황의 시대가 된 것은 아닐까요?

그래서 다이쇼 천황은 천황이면서도 천황답지 않고, 또 천황이면서도 강력한 숭고함이 없는 것입니다. 즉 천황은 존재하지만 존재하지 않는 듯한 인상을 줍니다. 다이쇼 시대의 이런 분위기를 아시하라 황제는 상징하고 있습니다. 이런 것이 천황의 존재를 무시하는 민본주의라는 이데올로기를 가능케 한 것은 아닐까요?

해파리연구가의 적자

여기서는 이상의 논의를 참고로 교토 학파에 초점을 맞춰 '근대의 초극'론을 더듬어 가면서 일본의 파시즘 사상으로의 이행 과정을 살펴보고자 합니다. 물론 군인들의 파시즘과 당시 일류 철학자가 가졌던 사상이 직접적으로 연결되지는 않습니다. 그러나 그 사이에는 어떤 연속적인 선이 존재합니다.

그러면 일본 파시즘의 근본 사상은 무엇일까요? 그것은 천황의 적자赤子라는 사고방식입니다.

앞서 말한 것처럼 우익 청년장교와 '근대의 초극'론자는 직접 연결되지 않습니다. 하지만 이들은 일종의 동시성synchronize을 띠고 있으며, 어떤 의미에서는 서로 동조하고 있습니다. 즉 시대정신이라는 점에서 양자는 연속적으로 이어져 있습니다.

쇼와 시대에 대한 우리들의 이미지는 다음과 같습니다. 쇼와유신昭和維新이라는 말이 있듯이 쇼와 초기의 파시즘은 천황제 파시즘을 의미합니다. 천황은 강렬한 카리스마를 가지며 이른바 신처럼 천상에 존재하는 사람처럼 숭배되었습니다. 이와 같이 천황은 강력한 실재성을 가지고 있었다고 생각합니다. 다이쇼 천황의 희박한 실재성에 비하면 쇼와 초기의 천황은 강력한 실재성을 보여주고 있습니다. 이것은 분명 거짓이 아닙니다. 하지만 여기서 우리들은 천황이 매우 희박한 존재감밖에 갖지 못했던 다이쇼 시대에서 어떻게 천황이 엄청난 실재감을 갖게 되는 쇼와라는 시대로의 전환이 일어났는가라는 문제를 생각해야 합니다.

다이쇼 천황은 아시하라 황제가 보여주듯이 무언가 정신적인 숭고함 같은 것을 박탈당한, 멍한 분위기의 천황이었습니다. 이에 반해 쇼와 천황은 굉장히 숭고한 존재로 보였습니다. 보통 이런 식으로 생각하는데 이것도 한편으로는 맞습니다. 하지만 이렇게 보면 중요한 부분을 놓치게 됩니다. 예를 들면 일본의 파시즘 사상가 중에서도 가장 중요한 사람은 기타 잇키北一輝입니다. 그런데 그는 천황에 대해 '해파리 연구자クラゲ研究者'라고 말합니다. 즉 약간은 바보 취급하는 듯한 호칭을 쓰고 있습니다. 다시 말해 천황의 적자관赤子觀의 핵심에는 기타 잇키의 사상이 있는데, 그는 천황을 약간 바보 취급하듯이 혹은 친근함을 담아서 부르고 있습니다. 그런 천황은 바

로 아시하라 황제와 같은 타입의 천황이 아닐까요? 어떤 의미에서는 명정하고 약간은 언악한 천황입니다.

　결국 우리는 기존의 상식적 판단을 잠시 유보해 둘 필요가 있습니다. 천황의 적자관이 보여주듯 파시스트들이 천황을 숭배했다는 것은 틀림없습니다. 그러나 그들이 말하는 천황은 어쩌면 다이쇼 천황과 같이 혹은 아시하라 황제와 같이 일반적인 의미의 숭고함을 잃어버린 천황이었는지도 모릅니다. 그런 의미에서 파시즘은 불가사의합니다. 왜냐하면 천황을 따르는 이유가 숭고하고 훌륭하기 때문만이 아니라, 천황이 해파리 연구자에 지나지 않더라도 천황을 따르기 때문입니다. 즉 여기에는 아주 친근한 아저씨와 같은 사람에게 일부러 종속된다는 구조가 있습니다. 실제 젠더의 관점에서 천황제를 연구해 온 가노 미키요加納実紀代 씨는 15년 전쟁기의 천황의 이미지는 강하고 공격적인 부성父性보다 오히려 모성母性적인 면이 강했다고 주장합니다. 이처럼 천황은 동떨어진 장소에 숭고하게 군림하기보다는 어머니와 같은 친밀함으로 사람들을 사로잡고 있었던 것입니다. 가노 씨의 연구는 이러한 저의 주장을 지지하고 있습니다.

2.
자본주의와 그 좌절

'울트라'

'근대의 초극'론에 들어가기 전에 사회적인 배경을 조금 살펴보고 싶습니다. 일본의 파시즘은 종종 초국가주의라 불립니다. '초超'라는 글자가 앞에 붙습니다. 영어로 말하면 울트라ultra 내셔널리즘입니다. '초'나 '울트라'라는 접두사는 과잉이나 과격함을 나타냅니다. 이 내셔널리즘은 메이지 내셔널리즘에 대한 과잉을 의미합니다. 즉 메이지 후반의 내셔널리즘을 보통의 내셔널리즘으로 간주하는 것입니다. 이에 비해 쇼와 초기의 내셔널리즘은 과잉성을 띤 것으로 나타나고 있습니다.

그렇다면 이런 과잉성은 언제부터 나타났을까요? 저는 일본 파시즘 연구 분야에서 하시카와 분조橋川文三[38]가 매우 중요한 사람이라고 생각합니다. 그는 쇼와유신기로 향하는 큰 변용의 첫 징후가 언제인가를 묻고 있습니다. 그는 그것을 쌀 소동에서 찾고 있습니다. 쌀 소동은 다이쇼 7년, 그러니까 1918년에 있었습니다. 이 사건을 계기로 일본 사회는 그 이전과 단절을 보인다고 하시카와는 말합니다. 그는 쌀 소동39) 때 일어난 변화의 징조가 쇼와 시대에 들어와 결정적으로 나타난다고 주장합니다. 하시카와 분조는 당시의 〈오사카아사히신문大阪朝日新聞〉을 인용하고 있습니다. 이것은 당시의 문장이므로 약간은 딱딱한 느낌을 주는데, 당시의 감각으로 봐도 뭔가 심상치 않은 것이 일어나기 시작했음을 알리고 있습니다.

"……금구무결金甌無缺40)의 긍지를 가진 대일본제국에 무서운 최후의 재판의 날이 다가오고 있는 것은 아닐까. '흰 무지개가 태양을 가로질러 걸려 있다'41)고 옛사람이 중얼거린 불길한 징조가 여기저기 흩어져 있는 사람들의 머리 위에 번개와 같이 번쩍인다……."

위의 글은 사회적 맥락의 변화를 말하고 있는데, 그렇다면 내셔널

---

38) 하시카와 분조 : 1922~1983. 정치학자, 역사가. 『일본낭만파비판서설(日本浪曼派批判序說)』을 간행하여 일본낭만파를 재조명하였으며 전후에는 천황제 파시즘 비판과 함께 우익과 농본주의자의 사상을 검증, 재평가했다.

39) 쌀소동 : 1918년 쌀값 폭등으로 생활난에 시달리던 농민들이 쌀값 인하를 요구하며 일으킨 집단적인 반발을 가리킨다. 도야마현(富山県)에서 어부의 부인들이 쌀가게를 습격하는 사건을 시작으로 순식간에 전국으로 확산되었다. 이 과정에서 상점, 지주, 경찰 등에 대한 습격이 일어나기도 했다. 쌀소동을 통해 식량공급문제가 사회문제로 부상하자, 일본정부는 1920년부터 조선에서 산미증식계획을 실시하게 된다.

40) 금구무결 : 조금도 흠이 없는 황금 항아리처럼 완벽하게 견고함(국력이 강하여 외국의 침략을 받은 바 없음의 비유).

41) 흰 무지개가 태양을 가로질러 걸려 있다는 말은 옛 중국에서 난리가 날 징조로 여겼음.

리스트의 계보라는 점에서 바라본 전환점은 어디에 있을까요? 하시카와 분조도 그리고 『현대일본의 사상現代日本の思想』에서 초국가주의에 대해 쓰고 있는 구노 오사무久野収42) 씨도 같은 인물에 주목하고 있습니다.

울트라 내셔널리스트라 하면 흔히 테러리스트의 이미지를 떠올립니다. 이러한 테러리즘의 정점은 앞서 언급한 2·26사건입니다. 그러나 일본 근대사에서 테러리즘이 울트라 내셔널리스트의 전매특허인가 하면 그렇지는 않습니다. 메이지 시대에도 테러리스트는 많았습니다. 중요한 것은 '울트라'라는 접두사에 어울리는 괴이함을 띤 테러리스트가 언제 등장했는가 라는 점입니다.

하시카와와 구노가 이러한 전환점을 상징하는 인물로 공통적으로 주목하는 사람은 1921년, 즉 다이쇼 10년에 야스다재벌安田財閥의 야스다 젠지로安田善次郎43)를 사살한 아사히 헤이고朝日平吾입니다. 아사히 헤이고는 쇼와의 내셔널리스트 혹은 쇼와의 테러리스트로 연결되는 계보의 효시에 위치합니다. 『쇼오 야스다 젠지로 전松翁安田善次郎伝』은 아사히 헤이고가 보여주는 괴이함을 '대륙 유랑도 여러 차례 한 로맨틱한' 인물이었다는 식으로 표현하고 있습니다. 야스다 젠지로 암살사건에 대한 당시 〈요미우리신문〉의 코멘트가

---

42) 구노 오사무 : 1910~1999. 전후 민주주의 형성에 기여한 철학가. 평론이나 대담을 통해 전후 일본의 정치나 사회사상에 큰 영향을 주었다. 대표적인 저서로 『현대국가비판』, 『시민주의의 성립』 등이 있다.

43) 야스다 젠지로 : 1838~1921. 야스다(安田) 재벌의 시조. 완구점에서 일하기 시작해 야스다 은행(현재의 미즈호 은행)을 설립하고 이어 손해보험, 생명보험 회사들을 차례로 설립하여 금융재벌로서의 기초를 마련했다. 82세 때 아사히 헤이고에게 암살당했다.

재미있습니다.

"오쿠보 도시미치大久保利通44)의 죽음, 모리 아리노리森有礼45)의 죽음, 호시 도오루星亨46)의 죽음은 모두 각각 시대의 색을 띤 죽음이지만, 야스다의 죽음과 같은 사상적 깊이는 없다. 이토 히로부미伊藤博文처럼 너무나 외면적으로 다루어져 피상적인 의리와 인정을 앞세운 통속적이고 예스러운 감격을 일으킨 것에 머물러 있다."

그리고 이어서 다음과 같이 덧붙입니다.

"그렇게 본다면 야스다의 죽음은 메이지와 다이쇼에 걸쳐 심각한 의의가 있는 죽음이다."

야스다의 암살은 이런 식으로 평가받고 있습니다. 〈요미우리신문〉의 기자는 여기서 지금까지와는 다른 테러리즘이 시작되었다는 점을 직관적으로 감지하고 있는 것입니다.

---

44) 오쿠보 도시미치 : 1830~1878. 사쓰마번(薩摩藩) 출신의 정치가. 이토 히로부미, 기도 다카요시와 함께 메이지유신 3걸로 불린다. 내무성을 설치하고 초대 내무대신으로서 실권을 장악하여 일본 관료제의 기초를 마련하였다.

45) 모리 아리노리 : 1847~1889. 초대 문부대신. 메이지유신 후에 귀국하여 후쿠자와 유키치(福澤諭吉) 등과 함께 메이로큐샤(明六社)를 결성하여 근대적 계몽운동을 전개하였다. 메이지 시기 근대적 교육제도 확립을 주도하였다.

46) 호시 도오루 : 1850~1901. 자유민권운동에 참가해 투옥되기도 하였으며 제2대 중의원의장, 주미공사를 역임했다. 동경시 의회의장이었을 당시 이바 소타로(伊庭想太郎)에게 암살당했다.

메이지는 멀어졌도다

그리고 또 하나만 예를 들면, 이것은 테러리즘과는 전혀 관계가 없지만 시대의 전환을 시사하고 있다는 점에서 흥미롭습니다.

쌀 소동은 1918년에 있었습니다. 그리고 야스다 젠지로 암살사건은 1921년의 일입니다. 그러면 대체로 1920년을 전후로 사회의 질적인 전환이 일어나기 시작했다고 할 수 있습니다. 사회라는 것은 당연하게도 어제에서 오늘로 단숨에 전부 바뀌는 것이 아니라 비유적으로 말하면 비스듬히 바뀌어 갑니다. 그리고 어느 시기까지 오면 구조 전체가 다른 원리로 대체됩니다. 그러면 1918년경에 시작된 균열이 1930년경에 이르러 사회를 전체적으로 변질시키는 다음과 같은 단층선을 상정할 수 있습니다.(〈그림 1〉 참고)

이런 단층선의 존재를 방증하는 예를 하나만 들고자 합니다. 이것은 사회과학적인 엄밀성을 지니지는 않지만 일종의 분위기를 전하고 있습니다. 나카무라 구사타오中村草田男의 '내리는 눈, 메이지는 멀어졌도다降る雪や明治は遠くなりにけり'라는 제목의 노래가 있습니다. 이것은 언제 만들어졌을까요? 다시 말해, 메이지는 멀어졌다고 말하는 시점은 언제일까요? 이 노래는 1931년 쇼와 6년에 만들어진 노래입니다. 2·26사건 당일에 쓰인 노래라는 설도 있지만 그렇지 않습니다. 예를 들면 나카무라 다카후사中村隆英 씨는 『쇼와사昭和史』에서 이것을 2·26사건 때의 작품이라 말하고 있지만, 사실은 1931년에 쓰인 노래입니다. 어쨌든 중요한 것은 이때 메이지가 멀어졌다는 식의 말이 나오는 점입니다. 그럼 메이지 시대는 언제까지

이어지고 있었던 것일까요? 참고로 〈그림1〉의 왼쪽이 메이지 시대 영역입니다.

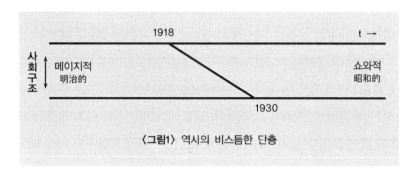

〈그림1〉 역시의 비스듬한 단층

나카무라 구사타오는 1901년(메이지 34년)생입니다. 이 노래는 도쿄의 아오야마青山[47) 부근을 배경으로 하고 있습니다. 이 아오야마 부근에서 그는 소학교 4, 5학년을 보냅니다. 즉 10살쯤의 시기를 여기서 보낸 것입니다. 그리고 1931년에 10대의 초반을 보냈던 아오야마로 다시 돌아와서 "아, 메이지는 멀어졌도다"라고 노래하고 있는 것입니다. 그가 10살 정도였던 1910년경에는 아직 메이지라는 감각이 살아있었습니다. 물론 이때는 실제로도 메이지의 막바지입니다. 그런데 1931년에 와서 메이지는 멀어졌다는 감개를 느낍니다. 그것도 같은 장소에서 말입니다. 즉 1910년에서 30년 사이의 어딘가에 메이지와 연속적으로 연결되어 있던 선이 끊어졌다고 할 수 있습니다. 그래서 실제 이상으로 메이지가 먼 옛날처럼 느껴집

47) 아오야마 : 일본 도쿄도(東京都) 미나토구(港区)에 있는 지역이다.

니다. 나카무라는 바로 그런 것을 노래하고 있습니다. 참고로 이 노래에 담긴 이와 같은 시대적 의미에 대해서는 가토 노리히로加藤典洋 씨가 『일본이라는 신체日本という身体(講談社, 1994)』라는 책에서 자세히 언급하고 있습니다.

제1차 세계대전

1920년을 전후로 어떤 전환점이 있었다는 것은 당연한—즉 역사적·사회학적으로 봐서 상당히 있을 법한—이야기입니다. 1920년 전후는 일본만 보면 약간 모호하지만, 세계사적으로 대변동이 있었던 시기입니다. 우선 제1차 세계대전이 끝난 시기에 해당합니다. 즉 유럽의 대전이 끝난 시기입니다. 실제로 쌀 소동은 제1차 세계대전과 인과관계에 놓이는데, 이런 직접적인 관계말고도 제1차 세계대전의 종결과 함께 일본뿐만 아니라 어떤 의미에서는 지구적인 규모로 무언가 파국적인 변화가 시작되고 있었습니다. 그러한 변화의 한 국면으로서 쌀 소동과 테러리스트의 변질 그리고 나카무라 구사타오가 느낀 메이지로부터의 전환이 있었다고 생각합니다.

제1차 세계대전의 종결이 가져온 전환을 사회과학적으로 보면 대강 이렇게 말할 수 있습니다. 즉 이 변화는 자본주의적인 세계 시스템의 어떤 변환을 가리킵니다. 세계 시스템은 기본적으로 중심과 주변의 이원적인 구조를 이루고 있습니다. 물론 여기서 중심이란 서양, 혹은 서구입니다. 조금 더 특정한다면 19세기 단계에서의 중심은 명백히 영국, 혹은 서유럽에 있었습니다. 제1차 세계대전은 이 세계 시스템의 중심을 서구 혹은 영국에서 미국으로 이동시킵니다. 즉 미국이 세계 시스템 내의 패권국으로 등장하게 되는 것입니다.

1920년을 경계로 세계 시스템의 중심은 완전히 미국으로 이동해 버립니다. 그런데 미국 스스로는 자신이 시스템의 중심이라는 것을 그다지 자각하고 있지 못했다는 점에 주의할 필요가 있습니다. 자신이 제안한 국제연맹에 참여하지 않았던 사실은 이러한 미국의 자의식을 상징적으로 보여줍니다. 그 때문에 이 시스템의 중심은 일시적으로 사실상 공백 상태가 됩니다. 즉 시스템에서 그 통일성을 보증하는 기능을 하는 중심이 결여된 상태가 나타난 것입니다.

여기서 제가 말하는 세계 시스템의 변동은 결코 시장의 구조에 한정되지 않습니다. 여기에는 정신적·문화적 의미도 포함됩니다. 이런 중심 자체가 공백이 되는 사태가 서구에서는 일종의 '종말'로서 자각되었습니다. 단적으로 이 시기에 『서양의 몰락西洋の没落48)』이란 책이 널리 읽혔습니다. 저는 아까 〈오사카아사히신문〉의 기사를 인용하여 쌀 소동을 즈음한 전환이 종말의 징조로서 인식되었을 가능성을 언급했습니다. 이것 또한 종말이라 할 수 있는가의 문제는 있지만, 아사히 헤이고의 테러를 언급한 〈요미우리신문〉의 기사는 오싹하고 무서운 감각을 드러내고 있습니다. 즉 유럽을 전장

---

48)『서양의 몰락』: 슈펭글러의 저작으로, 독일어 원제는『Der Untergang des Abendlandes』(1918~1922). 슈펭글러는 이 책에서 세계사의 문명을 8종류의 문명으로 나누고, 각각의 문명은 발생·성장·성숙·몰락이라는 주기를 경과한다고 보았다. 유럽의 문명 역시 이러한 몰락에 직면하고 있음을 지적하고 있다. 이러한 '문화유형론(文化類型論)' 또는 '문화형태학(文化形態學)'이라는 슈펭글러의 구상은 토인비에 계승되었다.

으로 했던 큰 전쟁의 종결은 단지 유럽 자신의 종말을 넘어 세계 시스템 전체의―그 피해가 그다지 미치지 않았던 영역을 포함하여―종말로 감지되었을 가능성이 있습니다. 이것이야말로 단지 시스템의 중심이 이동했을 뿐만 아니라, 중심 자체가 일시적인 기능 정지에 빠진 상황을 보여주는 하나의 방증이 아닐까요?

금의 퇴진

세계 시스템의 중심이 서구에서 미국으로 옮겨졌습니다. 그런데 미국 쪽에서 그것을 받아들이지 않았기 때문에 중심이 기능하지 않는 상태가 출현했습니다. 이러한 현상이 최종적이고 현저하게 나타난 결과가 다름 아닌 1929년에 시작된 대공황입니다.

1930년대는 이 대공황으로 시작됩니다. 그리고 이 시기가 '근대의 초극'이라는 사상의 요람기, 즉 그러한 사상이 만들어져가는 시기에 해당합니다. 그리고 이는 일본 근대사 속에서 '쇼와유신'이라 불리는 시기에 해당합니다. 간단히 말하면 '근대의 초극'론은 자본주의적 시스템이 그때까지 경험하지 못했던 거대한 좌절의 시기에 나타난 것입니다. 자본주의 시스템의 좌절이란 구체적으로는 대공황을 가리키는데 이것을 좀 더 자세히 살펴보면 다음과 같은 점이 중요합니다.

제1차 세계대전이라는 것은 이상 사태입니다. 이상 사태인 전쟁이 끝나자 모든 국가의 경제 상황은 일단 정상으로 돌아옵니다. 즉 전시 경제가 보통의 경제로 돌아옵니다. 이러한 정상으로의 복귀를 상징하는 것이 금본위제입니다. 전쟁 중에는 금본위제가 채택되지 않아 금과 화폐의 교환은 정지되었습니다. 그러나 그런 상황이 지속 되면 화폐의 신용이라는 것이 성립될 수 없으므로 모든 국가가 금본위제로 복귀하게 됩니다. 이것이 대전 직후의 경제 정상화입니다.

일본의 경우를 보면 상당히 뒤늦었지만 1930년이 되어 금본위제로 복귀합니다. 일본에서는 이것을 '금해금金解禁'이라는 식으로 말하는데 이를 계기로 금의 거래가 가능해집니다. 이 정책은 이노우에 준노스케井上準之助49)라는 과잉된 자신감을 갖고 있던 당시 대장성大藏省 대신大臣이 억지로 추진한 것이었습니다.

이렇게 해서 거의 모든 나라가 어려움은 있었지만 어쨌든 조금씩 금본위제로 복귀합니다. 그런데 이때는 또 다른 전쟁이 일어나기 직전의 시기입니다. 그러나 대공황이 일어나자 모든 국가가 금본위제를 포기합니다. 일본도 늦게나마 금본위제를 포기합니다. 이 금본위제를 다시 포기하는 것은 대공황에 의한 자본주의 시스템의 전환을 상징합니다.

따라서 이렇게 말할 수 있습니다. 금이란 화폐의 파수꾼입니다. 금을 직접 교환하지는 않지만 지폐라는 것은 금과 교환할 수 있습니다. 지폐에는 그런 것이 쓰여 있지는 않지만 과거에는 태환지폐兌

---

49) 이노우에 준노스케 : 1869~1932. 일본은행 9, 11대 총재. 제1차 세계대전과 관동대지진의 발생으로 대량의 불량채권이 발생하자 긴축재정을 실시하였다. 당시 내각에서 시행했던 금수출해금(금본위제로의 복귀)과 긴축재정이 심각한 불황을 초래하여 결국 암살당했다.

換紙幣였으므로 그 은행권을 가지고 있으면 금과 교환이 가능했습니다. 즉 금과 바꿀 수 있는 인환권이기 때문에 화폐가 통용될 수 있는 것입니다. 그래서 금본위제라는 것은 매우 중요했습니다. 마르크스도 비유적으로 말했지만 권위 있는 금은 모든 물건의 으뜸인 것입니다. 그러나 대공황을 경계로 금의 권위가 완전히 추락합니다. 즉 금이 군림할 수 없는 시기가 온 것입니다. 그래서 금본위제의 좌절은 거꾸로 대공황이 얼마나 큰 변화였는가 하는 것을 상징적으로 보여줍니다.

미국의 철퇴

제1차 세계대전에서 대공황까지의 10년의 시기, 즉 1920년대는 정말로 자본주의의 번영기에 해당합니다. 이것은 적어도 미국에 관해서는 틀림없습니다. 미국은 '번영의 1920년대'라 할 정도로 대단한 성공을 거두게 됩니다. 예를 들어 당시 미국의 자동차 보유대수는 이미 4~5명에 한 대꼴입니다. 즉 한 가족이 한 대 정도 소유하는 시대였습니다. 이것은 놀랄만한 사실입니다. 라디오 보급률도 40퍼센트가 넘었습니다. 또 가전제품이 급속히 보급됩니다. 일본의 경우 전후의 고도성장기를 거치면서 많은 사람들이 가전제품을 널리 사용하게 됩니다. 이런 시기가 번영의 1920년대입니다.

하여튼 이 시기 미국은 최상의 상태였습니다. 또한 이 시기 미국 이외의 국가도 그런대로 잘 돌아갔습니다. 왜냐하면 미국의 뒷받침이 있었기 때문입니다. 예를 들어 다음과 같은 사례는 유명합니다. 독일은 세1차 세계내전에서 패배하여 거액의 배상금을 부과받습니다. 그래서 일시적으로 통화의 신용이 완전히 추락하여 엄청난 인플레가 일어납니다. 예컨대 빵 하나 사는데 여행용 가방에 가득 찰 정도의 지폐가 필요하다던가, 오늘 아침 본 것이 저녁에는 10배 정도의 가격으로 오른다던가 하는 그런 비정상적인 인플레의 시기였습니다. 이런 극단적인 인플레도 미국의 재정적 지원으로 억제되었습니다. 미국은 독일만이 아니라 영국을 포함해 피폐해진 유럽에 상당한 자본을 투하했습니다. 그로 인해 세계 경제가 불완전하나마 안정기조로 들어선 것이 또한 1920년대입니다. 객관적으로 세계 시스템의 경제적인 구조면에서 미국이 이미 중심이 되어 있었다는 사실은 이런 식으로 나타납니다.

그렇다면 대공황은 왜 일어난 것일까요? 물론 그 인과관계에 대해서는 여러 가지 설이 있습니다. 여기에서는 일반적인 범위 내에서 설명하겠습니다. 간단하게 말해 다음과 같은 사실은 미국이 자신이 중심이라는 것을 자각하지 못했다는 것을 여실히 보여줍니다. 세계 시스템의 중심이라는 자각의 결여는 금리인하와 같은 정책과 해외에 투자한 자본이 전부 미국으로 돌아오는 현상을 낳았습니다. 이런 현상의 배경에는 주식 붐이 있었습니다. 이것은 앞서 언급한 금리정책이 그 하나의 원인이었습니다. 이 주식 붐은 요컨대 버블입니다. 즉 1920년대 후반 정도부터 미국은 버블경제가 되었습니다. 그래서 투기로 벌어들이는 것이 이득이 된다는 분위기가 확산되면서, 미국에서는 주식 혹은 금융증권을 사는 게 유리하다는 생각이 퍼지게 됩니다. 그래서 해외에 투자한 금이 전부 국내로 환류해 옵니다. 다시 말해 유럽에 있었던 미국의 자본이 환류해 버립니다. 그래서 제1차 세계대전 이후 미국의 뒷받침으로 겨우 불황에서 벗어난 유럽은 그 뒷받침을 잃어버린 형국이 되어 버립니다. 미국쪽에서도 원래 그것은 버블경기였으므로 그 버블이 결국은 마치 오늘날과 같은 형태로 터지게 된 것입니다. 버블경기인 이상 유효수요도 거의 없어 대공황이 일어나게 됩니다. 미국 경제가 실패함으로써 유럽도 그리고 일본도 대공황에 빠지게 되고 엄청난 실업률을 기록하게 됩니다. 이런 시기를 일본에서는 '쇼와공황'이라 부릅니다.

이와 같이 자본주의 전환기 혹은 자본주의 좌절의 시기가 쇼와시대의 '근대의 초극'적인 발상이 자리 잡기 시작한 시기와 대응하고 있었다는 점을 우선 확인해 두고 싶습니다.

이어서 저는 잠시 자본주의란 무엇이며, 자본이란 무엇인가에 대해 설명하고 싶습니다. 그렇게 함으로써 앞서 언급한 변화가 울트라 내셔널리즘의 출현 혹은 '근대의 초극'론과 같은 사상의 출현과 어떠한 관계에 있는가에 대한 조망이 쉬워지기 때문입니다.

'자본'이라는 현상

저는 자본이나 자본주의라는 말을 매우 넓은 의미로 사용하고 있습니다. 자본 혹은 자본주의라는 것은 좁은 의미에서 보면 경제적인 현상입니다. 그러나 경제적인 현상은 그것만으로 독립하여 성립되지 않습니다. 좀 더 큰 사회 현상에 의해 지탱되고 있습니다. 저는 경제적인 수준에서 자본이라는 현상을 낳는 사회적인 메커니즘 전체를 넓은 의미에서 자본주의로 간주합니다. 그래서 협의의 자본, 즉 경제적인 자본과 광의의 자본을 구별하기 위해 후자를 '자본'이라고 표기하여 전자와 구별하고자 합니다.

그렇다면 '자본'이라던가 '자본주의'는 대체 어떤 것일까요? 결론적으로 다음과 같이 말씀드릴 수 있습니다.

저는 오래 전부터 '경험가능영역'이라는 말을 사용해 왔습니다. 우리의 행위나 체험은 의미가 부여되어 있으며 바로 그 의미로 인해 가능하게 됩니다. 의미가 부여되어 있다는 것은 그것이 어떤 상황 하에서 적절한 것인가 아니면 부적절한 것인가의 구별이 가능하다는 뜻입니다. 그런 의미부여 행위와 체험의 영역을 저는 일반적으로 '경험가능영역'이라 부르고 싶습니다. 즉 그것은 규범이 긍정적이든 혹은 부정적이든 의미를 부여할 준비를 하고 있는－예상하고 있는－행위와 체험의 집합이라고 할 수 있습니다.

우리는 의미부여가 불가능하며 뭔가 정상적인 행위로 간주하기 어려운 경우를 종종 접합니다. 그리고 너무나 유별나서 규범을 적용하기 어려운 예상 밖의 행동도 있습니다. 예컨대 이런 것은 경험가능영역에 포함되지 않습니다. 흔한 예를 들어보면, 여러분들이 여기에서 졸거나 작은 소리로 잡담하는 것은 계산상에 들어가 있으며 부적절한 행위로 간주됩니다. 그러나 누군가가 갑자기 큰소리로 노래를 부른다면 이런 경우는 단순히 부적절하다는 영역을 넘어섭니다. 이런 것은 경험가능영역의 테두리 밖입니다. 이런 경우에 대해 저는

'정칙성正則性'의 범위 밖에 있다는 표현을 사용하기도 합니다.

그렇다면 경험가능영역과 '자본'은 어떤 관계에 있는 것일까요? 간단히 결론만 말하면 '자본'은 사회적으로 승인되어 있는 경험가능영역을 보편화해 가는 역동성(다이너미즘)입니다. 경험가능영역을 보다 포괄적인 것으로 차례차례 변화시켜 가는 역동성이 '자본'이라는 현상인 것입니다. 그리고 이런 역동성이 사회적인 표준으로서—정규적인 것으로서—인정되고 있는 사회시스템을 '자본주의'라 할 수 있습니다.

이것을 좀 더 알기 쉽게 설명하면 이렇습니다. 예를 들면 여러분들도 잘 알고 계시듯 자본주의에서는 이자라는 것이 인정됩니다. 고리대금이나 이자를 취하는 행위는 화폐와 같은 것이 인류사 속에 등장한 이래 계속 있었지만 오랜 기간 부정적인 것으로 생각되었습니다. 여기서 '고리대금'은 이자가 너무 높아서 고리가 아니라 원래 이자를 받는 것이 지나치다는 의미에서 고리인 것입니다. 그러나 오늘날 우리 사회는 이자 받는 것을 나쁜 것이라 생각하지 않습니다. 오히려 이자를 지불하지 않는 쪽이 나쁩니다.

왜 이자라는 것이 어떤 시기에는 부정적이었다가 어떤 시기에는 당연한 것이 되었을까요? 양자의 차이는 무엇일까요? 이자를 받는 것이 나쁘다는 감각은 간단하게 말하면 불공평하다는 것입니다. 왜냐하면 빌릴 때와 돌려줄 때 각각 다른 기준을 적용하는 것처럼 보이기 때문입니다. 이것은 어떻게 보면 당연한 감각입니다. 규범이나 규칙이라는 것은 시간적으로 지속되는 일관성이 있어야 합니다. 때에 따라 변화하면 규범이나 규칙으로 성립할 수 없습니다. 규범이나 규칙이 시간적 일관성을 가진다는 것은 달리 말하면 경험가능영역이 시간을 관통하여 동일성을 유지한다는 뜻입니다. 인격의 시간적인 동일성도 이것과 관련이 있습니다. 규범이나 규칙이 동일하고 그 아래에 동일성(아이덴티티)이 지속되기 때문에 과거의 행위에 대해 우리들은 현재의 책임을 물을 수 있는 것입니다. 이자를 부정적인 것으로 보는 것은 이런 규범과 규칙의 일관성이 손상되어 있는 것처럼 보이기 때문입니다.

그렇다면 거꾸로 일정한 이자를 받는 것이 사명한 것으로 간주되는 시스템에서는 규범이나 그 아래에 있는 경험가능영역의 변화가 용인된다는 것입니다. 예를 들면 6개월 전에 빌린 돈에 이자를 붙여 돌려준다는 것은 그 사이에 거의 지각할 수 없는 수준일지라도 경험가능영역이 변화하고 있으며, 적어도 그런 변화가 있었다고 상정되는 것입니다. 제가 앞서 '자본'이 경제적인 현상에 국한되지 않는다고 말한 것은 이런 것과 관계가 있습니다. 통상 사회시스템은 경험가능영역이 정상이기 때문에 붕괴하지 않고 안정성을 유지합니다. 하지만 '자본주의'라는 사회시스템은 이것과는 달리 경험가능영역이 항상 역동적으로 변하는 것을 통해 안정성을 유지합니다. 즉 항상 변화하기 때문에 정상일 수 있는 시스템이 '자본주의'인 것입니다. 그리고 경험가능영역의 이런 변화를 허용하고 또 촉진하는 시스템 아래에서가 아니면 경제적인 국면에서 이자가 정당화될 수도 없으며 또한 애초에 잉여가치가 발생할 수도 없습니다. 결국 '자본주의' 시스템 하에서 경험가능영역은 보편화하는 방향으로 변화해 가고 있는 것입니다.

3.
'근대의 초극'론

種種으로서의 국가

　앞서 '자본주의'에 관한 논의를 참고로 하면서 이제부터 본격적으로 '근대의 초극'론을 살펴보고자 합니다.

　여기에서는 '근대의 초극'론에 깊이 관여했던 교토 학파 계열의 철학자 그리고 교토 학파와 관계가 깊었던 동시대의 철학자에 대해 이야기하고자 합니다. 세 명 정도의 철학자를 예로 들려고 하는데, 우선 그들이 의식적으로도 그리고 무의식적으로도 헤겔을 가상의 적으로 생각했다는 점을 언급해 두고 싶습니다. 조금 더 엄밀하게 말하면 그들은 헤겔을 비판적으로 받아들여 극복하려고 했습니다. 여기에서 저의 가설을 말씀드리면 '근대의 초극'론이라는 사상은 '자본'의 역동성과 연동되어 있을 뿐만 아니라 평행적인 관계에 있었다는 것입니다. 물론 여기서 말하는 자본은 경제적인 카테고리라기보다는 앞서 말한 광의의 '자본'을 의미합니다.

그것을 가장 알기 쉽게 보여주는 사람이 다나베 하지메田辺元입니다. 다나베는 물론 교토 학파에서 가장 저명한 철학자인 니시다 기타로西田幾多郎의 영향 하에 있었던 사람입니다. 그는 니시다보다 젊었지만 니시다에 대한 가장 엄격한 비판자이기도 했습니다. 이 다나베라는 사람의 철학은 일반적으로 '종種의 논리'라 불립니다. 그것을 대강 설명하자면 이렇습니다.

다나베는 철학을 추론적인 것이라고 생각합니다. 추론이라는 것은 개념에 의한 매개입니다. 즉 추론은 개념을 부여하는 사고 작용—요컨대 판단—에 매개되지 않으면 존재할 수 없는 것입니다. 그래서 매개되지 않는 직접적인 것—판단에 선행하는 직관과 같은 것—은 철학적인 인식이 될 수 없습니다. 논리는 일체의 직접적인 것을 부정하는 '절대매개'가 되어야만 하는 것입니다.

물론 어떠한 논리도 매개할 수 없는 직접적인 무언가를 전제로 하지 않을 수 없습니다. 그런 의미에서는 직접적인 것을 완전히 소거할 수 없습니다. 그러나 그 직접적인 것조차도 매개 그 자체의 (자기)부정으로서—즉 매개할 수 없는 것이라는 형태의 매개의 부정을 통해—인식될 수밖에 없습니다. 종의 논리란 이런 매개의 절대적인 우위라는 생각에서 나왔습니다. 그것은 헤겔의 논리학과 대조하면 알기 쉽습니다.

헤겔의 논리학은 반드시 '개個·종種·유類'의—혹은 같은 것이지만 '개별성·특수성·보편성'—세 가지를 한 묶음으로 하여 재귀적再歸的으로 적용하여 전개됩니다. 이 가운데 매개적인 위치에 있는 것이 종種입니다. 다나베의 논리에 따르면 개個를 직접 파악하는 것은 불가능합니다. 또한 유類도 가장 높은 보편성의 수준이기 때문에, 즉 거기에서 유를 구별하는 외부를 상정할 수 없으므로 직접적으로 파악하는 수밖에 없는데 그것은 불가능합니다. 그래서 다나베의 생각에 따르면 내용이 있으며 유의미한 판단이 될 수 있는 것은 매개적인 위치에 있는 종이라는 특수성의 수준뿐입니다. 개를 직접적으로 파악하는 것도 불가능하고, 곧바로 유라는 보편성의 수준에 이르는 것도 불가능하기 때문에 항상 종이라는 특수성의 수준을 매개로 할 수밖에 없다는 것입니다. 이것이 다나베의 종의 논리를 구성하는 기본 골격입니다.

그런데 이것만으로는 추상적인 논리학 같아서 실천적인 의미가 없는 것처럼 보입니다. 그러나 다나베는 이 논리를 사회의 원리로도 간주합니다. 이 경우 종의 수준에 대응하는 것이 구체적으로는 국가입니다. 개는 물론 개인입니다. 유는 인류입니다. 이해를 돕기 위해 극단적으로 단순화하면 이런 이야기가 됩니다. 예컨대 '나는 나이다'처럼 개의 수준으로 직접 향하는 자각은 내용이 없습니다. 또한 이 반대의 극단, 예를 들면 '나는 인류이다'라는 자각도 실천적으로는 내용이 없습니다. 왜냐하면 이것만으로는 어떤 인간으로서 존재하며, 어떤 도덕에 관계하고 있는지가 보이지 않기 때문입니다.

내용이 있다는 것은 '나는 어느 공동체에 속해 있다'는 자각, 즉 어떤 특수한 공동체에 속해 있는가라는 자각뿐입니다. 다시 말해 자신이 어느 국가에 속해 있는가라는 자각은 유의미한 자각이 될 수 있습니다. 이때 비로소 어떤 특정의 규범 혹은 어떤 특수한 도덕에 관계하고 있는지가 나타나기 때문입니다.

물론 다나베의 개·종·유의 관계, 특히 종과 유의 관계는 이것보다 좀 더 복잡합니다. 다나베는 종에 관계하는 것을 매개로 해야만 잠재적으로는 유의 보편성으로의 초출超出이 가능하다고 생각합니다. 요컨대 현재적顯在的·자각적인 종에의 소속을 매개로 해서 유로의 소속이 잠재적으로 달성되는 것입니다. 즉 다나베의 논리는 개가 종을 매개로 해야만 종의 특수성을 유의 보편성을 향해 부성하는 것이 가능하게 된다는 것입니다. 왜냐하면 개가 단지 주어진 사실로서 어떤 특수한 종에 속해 있다는 것이 아니라, 스스로 주체적으로 그 소속 사실을 받아들인다는 것은, 종을 소속만이 아니라 이탈도 가능한 것, 즉 선택 가능한 대상으로 간주한다는 것을 의미하기 때문입니다. 그래서 종에 주체적으로 소속되는 것은 종을 우유적偶有的인 것으로 간주하는 것이며, 달리 말하면 그 외의 경우도 있을 수 있다고 상대화하는 것이며, 이렇게 함으로써 종을 부정하고 유로 향하는 것을 가능케 하는 구조를 내포하는 게 됩니다.

이렇게 해서 종에 대해 '부否'를 말하면서 유로 향하는 가능성을 내포하고 있는 한, 그 사람은 자유로운 개인으로서 종을 대하고 있는 것이므로 유는 사람이 개체로서 종을 넘을 수 있는 근거가 됩니다. 이것이 다나베의 주장입니다. 그래서 다나베가 말하는 '종', 즉 '국가'라는 것은 보편성을 향해 열려 있는 국가, 단일민족에 의해 구성된 국가가 아니라 다수 시민의 공존을 목표로 하는 국가를 의미한다는 것에 유의할 필요가 있습니다.

118

이처럼 다소 복잡한 구조가 있지만, 어쨌든 다나베는 종으로서의 국가에 대한 주체적인 관여가 인간의 도덕성을 규정하는 것으로 생각했습니다. 인간은 개로서도 유로서도 도덕적(규범적)인 내용이 없지만 종인 국가에 속해 있다는 자기규정을 통해 비로소 도덕적(규범적)인 내용을 얻게 되는 것입니다.

그래서 다나베의 논의는 '국가주의(내셔널리즘)'적이라 할 수 있습니다. 그리고 파시즘에도 친화적이라고 생각됩니다. 실제 다나베는 자신의 주장이 일본의 군국주의적 파시즘을 결과적으로 긍정한다고 간주되어도 어쩔 수 없다는 말을 남기고 있습니다.

그러나 한편으로 다나베는 누구보다도 빨리 자각적으로 파시즘과 거리를 두려고 했습니다. 이처럼 다나베는 국가주의적 색채를 띤 철학을 전개하고 있는 것처럼 보이지만, 가장 먼저 자각적으로 파시즘에 거리를 두었고 참회도 했습니다. 여기에서 순수한 국가주의자에게 파시즘은 오히려 실망스러운 내용을 포함하고 있었음을 알 수 있습니다.

'자본'의 매개적 성질과 '종'

그럼 이러한 다나베의 철학과 '자본'은 어떻게 관계하고 있는 것일까요? 지금까지의 내용은 다나베의 책에 쓰여 있는 것이지만 이제부터는 약간 해석을 덧붙여보겠습니다. 이러한 다나베의 논리학이나 철학은 일단 관념적으로는 누구나 내용적으로 파악할 수 있습니다. 하지만 이것이 사회적으로 광범위한 영향력을 가졌다면 거기에는 그것을 가능케 하는 사회석인 문맥이 필요합니다. 저는 그 문맥에 '자본'이라는 것이 관계되어 있다고 봅니다.

저는 '자본'이란 경험가능영역을 보편화하는 메커니즘이라고 말했습니다. 이는 바꿔 말하자면 이렇게도 말할 수 있습니다. 인간은 다양한 관계성 혹은 공동성에 속해 있으며 그에 따라 다양하고 특수한 성질을 띠게 됩니다. '자본'의 보편화 메커니즘이란 이러한 특수성을 무의미한 것으로 환원해 가는 역동성입니다. 저는 이런 '자본'의 메커니즘이 활성화되고 있는 문맥에서 다나베의 철학은 사회적인 설득력을 갖게 되었다고 생각합니다.

조금 더 알기 쉽게 설명하면 이렇습니다. 예를 들면 여러분들은 어떤 공동체에 속해 있으며, 어떤 사람과 가깝게 지내며, 특정한 사람들에게 동료의식을 느낍니다. 즉 어떤 관계성 혹은 공동성 속에 있습니다. 그리고 그것에 따라 다양하고 특수한 성질을 받아들이며, 또한 특수한 규칙이나 규범에 따르며 살아갑니다.

그러나 '자본'이란 기본적으로 그런 것에 무관심indifferent합니다. 자본과 증여의 차이는 여기에 있습니다. 예컨대 사이가 좋기 때문에 싸게 하거나 증여하는 것은 시장 원리에는 존재하지 않습니다. 시장에서의 교환은 그리고 그 배후에 있는 '자본'의 원리는 그 사람이 어떤 공동체 출신이며, 그가 어떤 배경을 가지고 있는가 하는 문제에 기본적으로 무관심합니다. 자본이 사람들의 특수한 성질을 환원해 간다는 말의 의미는 이런 것입니다.

다양한 공동성이나 관계에서 유래하는 특수한 속박에서 해방됨으로써 경험가능영역은 보다 포괄적인 것으로 이행합니다. 그것이 '자본'의 보편화 메커니즘입니다. 참고로 마르크스는 이처럼 사람을 공동성의 질곡에서 해방시키는 자본의 움직임을 '자본의 문명화 작용'이라 부릅니다.

이러한 '자본'의 보편화 작용은 끝이 없는 과정입니다. 즉 이것은 항상 그때마다 보다 포괄적인 보편성을 향해 사람을 해방시킵니다. 그런데 이것은 역으로 '자본'에 의한 경험가능영역의 보편화가 항상 미완성이며 바로 그런 이유로 그때마다 인간을 특수한 경험가능영역 내에 붙잡아 둘 수밖에 없다는 것을 의미하기도 합니다. '자본'이 지향하는 보편화는 어떤 극한에 이르러 완결되는 것이 아니라 항상 어떤 특수성의 수준에서 이른바 조산早産해버리는 것입니다. '자본'은 보편화의 지향 속에 인간을 특수한 경험가능영역 내에 붙잡아 두고 있는 것입니다.

인간을 특수성의 극한인 개(개별성)와 보편성의 극한인 유 사이에 낀 '종'의 레벨에서 파악하는 다나베의 철학은 이런 '자본'의 운동에 조응하고 있습니다. 다나베가 말하는 '매개성'이란 영속적인 보편화 과정에서 '자본'이 인간에게 제공하는 중간적인 위치—유와 개의 중간적인 위치—에 대응합니다. 앞서 '자본'은 경험가능영역을 보편화해 가는 과정에서 실제로는 인간을 특수한 경험가능영역의 내부에 붙잡아 둔다고 말했는데, 이것은 보편성을 향한 지향이 그 경험가능영역의 특수성이라는 수준에서 현실화되고 있다는 것을 의미합니다.

그런데 다나베는 종으로의 주체적인 개입을 통해 종을 상대화하거나 부정하는 '유'로의 잠재적인 소속이 달성된다고 말합니다. 이렇게 종을 매개로 한 '유'로의 참가―이런 양상을 다나베는 '유적종_{類的種}'이라 부릅니다만―라는 착상이란 앞서 언급했던 언제나 중도에서 좌절할 수밖에 없는 '자본'의 보편화 작용에 대해 철학적인 표현을 부여한 것으로 해석할 수는 없을까요? 그렇다면 헤겔을 약간 개량한 다나베의 철학은 '자본'의 운동과 동조하는 가운데 등장했다고 할 수 있습니다.

배제된 극한을 주제화하다

이번에는 니시다 기타로라는, 교토 학파 가운데서도 가장 저명한 철학자 쪽으로 화제를 돌리고자 합니다. 그는 다나베보다 연장자이며 그에게 지대한 영향을 끼쳤습니다. 앞에서도 언급했지만 다나베는 니시다를 비판했습니다. 그래서 두 사람은 서로 상대의 논리에 위화감을 가지고 있었습니다. 그렇다면 두 사람의 차이는 어디에 있을까요?

제가 보기에 두 사람의 철학은 기본적으로는 같은 방향을 가리키고 있습니다. 그런데 그 방향을 향한 철저함에서 두 사람은 다릅니다. 니시다는 다나베보다 훨씬 더 철저한 철학자라고 할 수 있습니다. 철저함에 관한 '양'적인 차이가 어떤 단계에서 '질'적인 차이로 나타난 것이라 생각합니다.

니시다 쪽이 철저하다는 것은 다음과 같은 의미입니다. 다나베는 철학은 절대매개이어야 한다고 생각했습니다. 역설적이게도 다나베는 매개되는 것에 구애받았기 때문에 오히려 매개되지 않는 것을 전제로 해야 했습니다. 매개되지 않는 전제라는 것은 말할 것도 없이 특수성과 보편성의 양극한입니다. 양극한이 논의에서 배제되는 이유는 이들이 매개되지 않기 때문이며, 만약 이들을 논의의 주제로 하면 마치 그것들이 매개될 수 있는 것으로 실체화되기 때문입니다. 그러나 바로 논의에서 배제함으로써 그런 양극한은 다나베의 논의에서 비조정적非措定的인, 즉 매개되지 않은 전제가 되어 그의 철학적 일관성을 지지하게 되었다고 생각합니다. 즉 양극한을 매개가능한 실체로 간주하는 사고를 회피함으로써 그는 오히려 그 자체를 직접적으로 존재하는 실체로 전제해 버리고 있는 것입니다. 이에 반해 니시다는 다나베가 명시적으로 대상화하기를 회피한 양극한을 주제로 하고 있습니다.

그런데 앞에서 다나베 철학의 구성은 '자본'의 역동성을 투영하고 있다고 말했습니다. 다나베가 회피한 극한, 무엇보다도 보편성의 극한이야말로 '자본' 혹은 시스템으로서의 '자본주의'가 그 맹목적인 운동을 통해 목표로 하는 지점이라 할 수 있습니다. 그렇다면 니시다의 철학적 태도는 '자본'의 운동이 조준하고 있는 극한을 선취해 보이는 것이라고 해석할 수도 있습니다. 이런 의미에서 니시다 철학의 기본적인 성격을 이해하기 위해서는 그의 철학의 근본개념 중의 하나인 '장소'를 살펴볼 필요가 있습니다. 이것을 극히 단순화해서 설명하면 다음과 같습니다.

'장소場所'(1926)라는 제목의 논문에서 니시다는 이렇게 논하고 있습니다. 즉 존재는 모두 "무언가에 관련되어 있다"는 구조를 가지고 있다고. 존재하는 것끼리 서로 관계할 수 있는 이유는 그것이 동일한 것에 '관련되어 있기' 때문입니다. 이처럼 모든 존재에 대해 '관련되어 있다'는 구조를 가능케 하는 것이 바로 장소입니다. 그렇다면 장소라는 것은 존재하는 모든 것에 적용되는 보편적 규정이 됩니다. 니시다는 다나베에 의해 배제된—그러나 그로 인해 오히려 실체가 되어 버린—보편성의 극한을 '장소'라는 개념을 통해 주제화하고 있는 것입니다.

주어와 술어

니시다는 같은 논의를 판단의 구조와의 관계에서도 전개하고 있습니다. 이것을 보면 니시다는 다나베가 회피하려 했던 극한을 문제 삼고 있다는 것을 알 수 있습니다. 왜냐하면 다나베가 말하는 매개의 절대성도 판단을 가지고 있는 구조에 의해 유도되고 있기 때문입니다. 니시다에게 판단이란 주어에 술어를 결부시키는 것입니다. 즉 술어에서 지시되고 있는 보다 보편적이며 포괄적인 범주 속으로 주어를 포섭하는 것입니다. 예를 들면 '벚나무는 식물이다'라는 판단이 그 전형입니다. 따라서 니시다가 말하는 판단을, 다나베가 문제로 삼은 '개(개별성)—종(특수성)—유(보편성)'라는 3항 도식에서 생각한다면, 특수성의 수준에서 보편성의 수준으로 상승하는 것이라고 할 수 있습니다. 그리고 그 극한에는 그 이상의 포괄적인 유개념이 존재할 수 없는 가장 보편적인 술어가 있기 마련입니다. 따라서 그러한 보편적 술어를 주어로 해서 그것을 보다 포괄적인 술어 아래에 포섭하는 것은 불가능합니다. 이런 극한의 술어, 즉 '술어가 되어 주어가 되지 못하는 것'을 니시다는 '술어적 일반자述語的一般者'라 부릅니다. 이 술어적 일반자가 가리키고 있는 것이 바로 '장소'입니다.

흥미롭게도 반대 방향의 극한, 즉 개별성 쪽의 극한을 취해도 실질적으로는 같은 결론에 이르게 됩니다. 극한의 개별성을 취하면 그것이 극한의 보편성과 같은 것으로 반전해 버립니다. 개별성의 극한에는 '주어가 되어 술어가 될 수 없는 것'이 있게 되는데, 그것을 니시다는 '구체적 보편'이라 표현합니다. 이것은 어떤 것일까요?

어떤 개체나 개인을 판단을 통해 규정한다고 가정해 봅시다. 예를 들어 어떤 개인을 규정할 경우 그 사람에 대해서 학생, 일본인, 여자 등등 다양한 술어를 부여할 수 있습니다. 그러나 어떤 술어에 의해서 그 개인을 완전히 규정하는 것은 불가능합니다. 예를 들어 '이 사람은 학생이다'라는 판단의 경우 만일 그 사람이 학교를 그만둔다면 '학생'이라는 술어는 그 사람을 규정할 수 없게 됩니다. 이처럼 어떤 술어도 개인을 규정하는 데 불충분할 뿐만 아니라, 모든 술어의 묶음으로도 개인을 완전하게 규정할 수 없습니다.

그러나 한편으로 개인이나 개체는 어떠한 특수한 술어도 가능성으로서 받아들일 수 있습니다. '이 사람은 학생이다'라고 할 수 있을 뿐만 아니라, 예를 들어 '이 사람이 교사가 되었다면'이라는 가정을 받아들인다면 이 개인은 잠재적으로는 '교사'라는 술어로 규정될 수도 있습니다.

그렇다면 개인이나 개체를 단지 '이것은 이것이다'라는 표현만으로는 충분히 규정할 수 없게 됩니다. 이제 '이것이다'라는 것은 술어라고는 할 수 없으므로, 결국 '이것'은 주어는 될 수 있어도 술어가 될 수는 없습니다. 그러나 동시에 그것은 다양한—원리적으로는 임의의—특수한 술어와 결합할 수 있습니다. 그렇기 때문에 특정한 술어나 그 유한의 묶음(유한개의 술어의 집합)에 의해서는 규정될 수 없습니다. 즉 '이것'은 가능성으로서 어떤 것도 될 수 있는 보편적인 X입니다. 이것이야말로 '구체적 일반자'입니다. '이것'이 임의의 술어에 의해 규정될 수 있는 보편성에 도달했다는 것은 개체에 대해 결국 그것이 앞서 언급한 보편적인 '장소'에 있다는 것 이외에, 그 어떤 확정적인 것도 말할 수 없기 때문입니다.

이렇게 해서 유와 개, 양방향으로 극한을 취해도 장소의 보편성에 도달하게 됩니다. 장소를 조금 단순화해 보면 그곳은 개체가(특수적으로) 분절화되는 보편성의 영역입니다. 그러나 장소 그 자체는 통상의 판단을 통해 적극적으로 대상화할 수 없다는 점이 중요합니다. 장소에 육박하려고 하면 주어가 되지 않는 술어(혹은 술어가 되지 않는 주어)에 도달해 버리기 때문입니다.

장소와 시장

지금까지 가장 명쾌한 인식(판단)의 영역에 근거하여 보편성의 영역을 모든 판단의 저쪽 편에 상정할 수 있다는 것을 말했습니다. 그 보편성 영역이 판단적 일반자입니다. 니시다는 기본적으로 같은 논리를 통해 인식을 지탱하는 '자각'의 장면과 그 자각을 가능케 하는 행위나 표현의 장면 모두에서 극한의 보편성을 상정할 수 있음을 보여주고 있습니다. 자각의 장면에서 모든 자각을 지탱하는 보편성을 '자각적 일반자', 행위(표현) 장면에서의 보편성을 '행위(표현)적 일반자'라 부릅니다.

판단의 구조에 근거하여 추상한 것을 행위의 문제로 일반화할 수 있다면 니시다가 주장한 것에 대해 넓게 실천의 영역과 유비적類比的으로 대응시키는 방식으로 이해를 깊게 할 수도 있습니다. 단적으로 말하면 니시다 철학의 골자를 '자본'이나 자본주의적 시장의 성질과 유비시켜 보는 것이 가능합니다.

지금까지 니시다의 판단론에서 궁극의 주어인 개체는 어떤 것도 될 수 있는 '이것'으로까지 환원된다는 것을 소개했습니다.

이것은 충분히 발달된 화폐경제 하에 있는 자본주의적인 시장이 상품 혹은 상품 소유자에 대해 달성한 환원의 작용에 유비시킬 수 있습니다. 상품은 말할 것도 없이 다양한 질적인 성질에 의해 특수화됩니다. 상품의 특수하고 한정된 성질이 상품의 사용가치입니다. 그러나 시장에서 상품은 사용가치로서가 아니라 (교환)가치로서 평가됩니다. (교환)가치로서의 상품은 시장 내부의 임의의 상품과 상등성相等性이나 불등성不等性을 주제화할 수 있는 보편성으로서 존재하고 있습니다. 시장은 그래서 '장소'와 같은 것입니다.

시장이 이런 성질을 가지게 되는 것은 화폐가 충분히 침투해 있는 경우뿐입니다. 예를 들면 물물교환 하에서 물품은 사용가치라는 특수성을 지닌 채로 서로 관계합니다. 반면 어떤 특수한 사용가치도 보유할 수 있는 잠재적 가능성을 실체화한 것이 화폐입니다. 즉 화폐는 니시다가 말한 '판단적 일반자'를 구현한 실체라고 볼 수 있습니다.

니시다의 철학은 매우 심원한 듯이 보이지만 그것은 화폐의 움직임을 일반화시킨 것으로 이해할 수도 있습니다. 다시 말하면 발달한 '자본주의'를 그 설득력의 원천으로 삼고 있는 철학이 바로 니시다 철학인 것입니다.

사회적인 장소

니시다의 철학 내용을 사회적 현상이나 메커니즘에 대응시키는 방법은 결코 억지스러운 것이 아닙니다. 왜냐하면 이런 해석은 니시다 본인이 직접 말하고 있는 것에서 어느 정도 유추할 수 있기 때문입니다. 예를 들면 1932년에 출판된 『무의 자각적 한정無の自覚的限定』에 수록되어 있는 '나와 너我と汝'라는 논문은 이런 해석을 유도하고 있습니다.

이 논문의 내용에 대해 논하기 전에 확인해 둘 것이 있습니다. 니시다의 '장소'는 결코 무엇으로도 규정할 수 없습니다. 장소가 무엇인지를 적극적으로 특수화하는 것은 장소의 본성상 불가능합니다. 장소는 무엇으로도 존재하지 않습니다. 그런 의미에서 '장소'는 '무無'가 됩니다.

니시다에 따르면 개체, 개물個物이라는 것은 무로서 존재하는 장소의 자기 한정에 의해 성립하는 것입니다. 즉 장소가 자기언급적으로 자기를 한정해 그 내부를 분절함으로써 개체가 각각 특수한 규정을 짊어지는 것으로 성립합니다. 그런데 니시다도 무의 이러한 자기언급적인 한정이 어떻게 생기는지를 묻지 않을 수 없습니다.

이 문제에 대답하고 있는 것이 '나와 너'라는 논문입니다. 그는 여기서 장소는 사회적인 공간이라고 말하고 있습니다. 그렇게 보면 장소 속에 한정되는 개체란 물物보다도 원칙적으로 개인으로 간주하는 편이 알기 쉽습니다. 자기한정은 개인과 개인의 관계, 자기와 타자의 관계, 나와 너의 관계 속에서 생긴다는 생각입니다. 내가 나 아닌 것을 만난다. 내가 너를 만난다. 이때 너라는 것은 나에 대한 순수한 차이입니다. 결코 해소할 수 없는 절대적인 차이라는 것입니다. 나와 너의 관계는 그렇기 때문에 상극적conflictive입니다. 처음부터 약속이나 합의의 성립을 기대할 수 없는 상극적인 관계입니다. 그래서 자기와 타자 사이에 투쟁이나 갈등 또는—언어를 사용하고 있다면—토론 등이 생깁니다. 이렇게 상극적인 관계를 통해 자기가 무엇인지, 상대가 누구인지 한정되고 규정되고 특수화되어 갑니다. 이런 형태로 장소의 자기한정은 실현된다고 니시다는 생각하고 있습니다.

중요한 것은 장소가 처음부터 어떤 구조를 가지고 있어서 그 속에서의 위치를 통해 자기나 타자가 한정되는 것이 아니라는 점입니다. 장소는 공동체가 아닙니다. 여기에서 공동체란 사회적으로 타당한 규범에 의해 서로 타자의 행위에 관해 어떤 예상이나 기대를 가질 수 있는 사회공간입니다. 그래서 장소 그 자체에 대해 그것이 어떤 구체적인 성질을 가지고 있는지 적극적으로 말할 수 없습니다. 단지 장소는 그 내용에 대해 어떤 것도 미리 규정할 수 없는 차이가 만나는 공간일 뿐입니다.

그 내부의 개인에 대해서도 마찬가지입니다. 개인은 미리 다른 어떤 것과도 같은 것으로 인정되지 않는, 이른바 벌거벗은 상태로 장소 안에 있습니다. 그 개인은 그(혹은 그녀)와의 차이를 최종적으로 해소할 수 없는 타자들과 만나는 것입니다. 그 관계를 통해 그는 어떤 것도 될 수 있습니다. 그리고 나중에 뒤돌아보면 어떤 것도 될 수 있었습니다. 상대에 대해서도 마찬가지로 어떤 것도 될 수 있고, 될 수 있었습니다. 그런 의미에서 장소에서 개인은 보편성을 향해 열려 있는 것입니다.

그런데 기본적으로 상대에 대해 상극적인 관계를 구축해버리는 모든 개인이 만나는 공간, 그런 공간의 전형은 시장입니다. 이렇게 본다면 니시다 철학이 발달된 '자본주의'와 공명하면서 나온 것이라는 주장이 결코 허황된 것이 아니라는 것을 알 수 있을 것입니다. 만약 시장을 그 내부를 모든 개인에게 완전한 보편성으로 개방하는 공간이라 생각해도 대체로 틀리지 않는다고 생각합니다. 즉 시장은 '자본주의'가 그 극한에서 지향하고 있는 완전히 포괄적이고 제한

없이 보편화되어 버린 경험가능영역과 본질적으로는 같은 것이라고 생각해도 좋습니다.

와쓰지和辻와 '공동성'

이번에는 또 한 명의 주요 등장인물로 와쓰지 데쓰로和辻哲郎에 대해 이야기하겠습니다. 보통 '교토 학파'라고 할 때 와쓰지가 포함되는가는 미묘한 문제입니다. 하지만 어쨌든 그는 연령적으로는 다나베보다 약간 젊지만 확실히 니시다, 다나베와 동시대의 철학자에 해당합니다.

와쓰지의 논리학은 니시다와의 관계 속에서 생각하면 알기 쉽습니다. 와쓰지가 니시다를 직접 인용한 경우는 적었지만 니시다를 상당히 의식하고 있었던 것은 틀림없습니다. 제가 보기에 어떤 의미에서 두 사람은 같은 것을 생각하고 있었습니다.

와쓰지는 니시다와 달리 처음부터 사회적인 것에서 발상을 전개하고 있습니다. 니시다도 조금 전에 언급했던 것처럼 사회적인 것에 대해 생각했지만, 원래 사회적인 것에서 시작한 것은 아니고 다른 문맥에서 생각했던 것을 점점 심화시켜가는 가운데 마지막으로 사회적인 것에 도달한 것입니다. 그러나 와쓰지는 사회적인 것을, 게다가 상당히 구체적으로 사회적인 것을 사고의 출발점으로 하고 있습니다. 바꿔 말하면 니시다가 최종적으로 도달한 지점이 와쓰지에게는 출발점이 되고 있습니다. 이런 의미에서 두 철학자가 생각하고 있던 것은 가깝다고 할 수 있습니다. 그러나 이렇게 발상의 순서가 다른 것이 상낭히 중요한 내용의 차이를 가져옵니다.

니시다 철학의 핵심은 개인과 타자가 이른바 벌거벗은 채로 만나는 것입니다. 그래서 그 사이에는 어떤 공동성도 없다는 것입니다. 다시 말해 상대에 대해 모릅니다. 상대가 선의를 가지고 있는지, 악의를 가지고 있는지 전혀 모릅니다. 이 지점을 사회적인 것에 대한 논의의 단서로 하고 있습니다.

이에 비해 와쓰지의 경우는 개인 사이에 이른바 관계가 성립하는 지점에서 출발합니다. 와쓰지는 인간을 '인人·간間', 즉 '인'(사람)의 '간'(사이)으로 봅니다. 그래서 인간의 본질은 사이·관계가 됩니다. 관계란 간단히 말하면 공동성입니다. 인간 사이에는 처음부터 공동성이 있다는 것입니다. 이런 공동성의 네트워크로서의 사회적 집합은 조화를 이루는 전체를 구성합니다. 이렇게 와쓰지는 인간의 집합이 통일적인 전체를 만든다는 것을 전제로 해서 생각하고 있습니다.

니시다에게 사회적인 공간 속에서 문제가 되는 것은 나와 타자가 완전히 다르다는 것입니다. 그것 이외에 어떤 것도 정해져 있지 않으므로 그 관계가 어떻게 될지는 그 누구도 알 수 없습니다. 따라서 두 사람이 조화적인 관계를 통해 통일적인 집합을 형성한다는 보증은 없습니다. 그러나 와쓰지의 경우는 인간의 집합이 통일적인 전체를 형성한다는 것이 전제가 되고 있습니다.

통일적인 전체를 이루는 사회라는 것은 결국 공동체입니다. 그래서 이렇게 되는 것입니다. 니시다가 말하는 장소의 개념이 극한적인 보편성을 대표할 수 있는 것은 자기와 타자가 전혀 공동성을 갖지 않은 관계에서 만나기 때문입니다. 그렇기 때문에 장소의 내부에서 사람은 잠재적으로는 어떤 것도 될 수 있는 것입니다. 그러나 와쓰지의 경우는 자기와 타자가 조화적인 관계에 있고, 그런 관계에 있는 전체가 통일적인 공동체를 형성한다는 것을 전제로 하고 있습니다. 따라서 니시다의 장소와 달리 와쓰지가 주제로 삼는 사회적인 공간이라는 것은 보편적인 공간이 아니라 어떤 특수한 규범이나 문화만이 통용되는 공간이 됩니다. 그러한 공동성이란 구체적으로 민족이나 국가 같은 것이 됩니다. 그래서 와쓰지의 경우는 결과적으로 다나베와 닮게 됩니다.

와쓰지는 니시다와 동일한 문제에 봉착해 있지만 관계의 조화를 전제로 해서 출발하기 때문에 궁극의 보편성인 장소에 대응하는 문제가 나오지 않습니다. 인간은 어떤 특수한 공동체 혹은 어떤 집단 속으로 분할되어 있습니다. 그래서 그는 예를 들면 '풍토'라는 말을 씁니다. 그 풍토에 의해 각각의 특수한 세계는 특수한 영역 혹은 문화권으로 구분됩니다. 요컨대 와쓰지의 출발점은 니시다가 도달하려고 한 곳과 기본적으로 같지만, 니시다와 달리 처음부터 어딘가에 공동성을 구상해 놓고 있는 것입니다.

4.
천황제 파시즘

추상적인 초월성

이제부터는 지금까지의 논의를 당시의 울트라 내셔널리즘의 문맥 혹은 천황제 파시즘과의 관계 속에서 어떻게 자리매김할 수 있는가를 생각해 보고자 합니다.

이런 상황을 떠올려 주시기 바랍니다. 지금 모든 개인이 아무것도 아닌 채로 모여 있는 상태를 상정해 보겠습니다. 거기에서 모든 개인은 구체적으로는 무엇으로도 규정되고 있지 않습니다. 사람들은 추상적인 개인으로 환원되고 있습니다. 정말로 추상적이기 때문에 각 개인은 가능성으로는 무엇이든 될 수 있습니다. 그런 의미에서 보편적인 개인일 수도 있습니다. 이렇게 추상적이고 보편적인 개인이 만나는 영역이 니시다가 말하는 장소입니다. 그리고 그 '장소'에 이미지를 부여하는 현실이 '시장'입니다. '자본주의'란 시장으로 대표되는 관계성이 사회 시스템을 지배하는 상태라 할 수 있습니다.

시장이라는 것은 추상적인 개인의 집합에 경제적인 표현을 부여한 것입니다. 마찬가지로 정치적 표현을 부여한 것이 시민사회입니다. 시민사회라는 표현은 다소 관념적인 것인데 여기에 구체적인 이미지를 제공하는 사회적 실체가 도시입니다. 도시는 사람들이 구체적인 관습이나 각각의 공동체적인 배경으로부터 해방되어 독립된 개인으로 만나는 공간입니다. 그래서 그 어떤 것도 될 수 있는 추상적인 보편성을 지닌 개인이 모여 있는 사회적 영역이 일단 시장이고 시민사회(도시)입니다.

지금 저는 '일단'이라는 보류적인 표현을 사용했습니다. 여기에는 이유가 있습니다. 저는 '일단'이라는 말을 자주 사용합니다. 그것은 진정한 결론으로 가기에 앞서 거쳐야만 하는 중간적인 결론을 말할 때 주로 사용합니다. 어째서 이것이 잠정적이고 중간적 결론인지는 나중에 설명하겠습니다. 그 전에 확인해 둘 것이 있습니다. 추상적인 개인이 시장이나 시민사회에서 보편성의 자격을 가지고 직접 만날 수 있기 위해서는 한 가지 특별한 조건이 요구됩니다. 왜냐하면 이런 추상적인 개인의 집단이 어떤 조건도 없이 성립하는 것은 아니기 때문입니다.

개인의 집합이 정말로 단일 집합임을 보증하는 요소가 필요합니다. 시장이나 도시에서 추상적인 개인의 공존이 가능하려면, 즉 그것이 단순한 개인의 무의미하고 무질서한 모임集塊를 넘어선 하나의 통합된 영역이 되기 위해서는 그것을 보증하는 초월적인 요소가 필요합니다. 현실에서는 구체성을 띠며 각각 다양성과 특수성을 지닌 개인이 추상적인 개인으로 그리고 하나의 보편적인 영역(장소)에 소속해 있다고 스스로 인지할 수 있기 위해서는, 그런 영역의 단일성을 구성하는 초월적인 요소가 필요합니다.

우선 논리적인 구조를 말하자면 그 초월적인 요소 자체가 내용적인 한정성에서 벗어나 추상적 계기여야 한다는 점이 중요합니다. 왜냐하면 그 초월적인 요소 자체에 함의되어 있는 것에 의해, 내부의 가 개인·가 단체는 특수한 규정으로부터 해방되어 추상성으로 환원될 수 있기 때문입니다. 추상적인 초월성에 의거한 긍정적인 언급에 의해 현실에서는 특수하게 존재하는 개인이 추상적인 개인으로도 규정되는 것입니다.(〈그림2〉 참고)

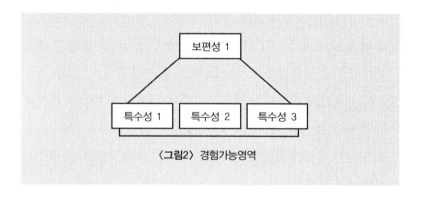

〈그림2〉 경험가능영역

시장을 떠올리면 이것을 보다 용이하게 이해할 수 있습니다. 시장에서 모든 상품은 그 사용가치인 특수성에서 해방되어 (교환)가치로 환원됩니다. 또 사람은 (교환)가치의 소유자로 환원됩니다. 이

136

런 환원이 생기는 것은 화폐 혹은 금이 존재하기 때문입니다. 상품 간의 등가관계는 모두 화폐의 등량에 등치되기 때문입니다. 화폐와 의 이런 관계 때문에 이들 상품은 같은 시장에 속하는 것으로 간주됩니다. 즉 화폐에 의해 언급됨으로써 상품은 상품이 되는 것입니다. 조금 더 엄밀하게 말하면 상품은 각각 특수하고 구체적인 사용가치이지만 화폐와의 교환가능성이 상정되는 순간, 추상적인 (교환)가치를 갖는 것으로 상정되어 바로 상품이 되는 것입니다. 물물교환에서는 그렇게 되지 않습니다. 물물교환의 경우에는 각각의 물품이 그 특수성 그대로 대치하며, 또 개개의 교환이 모두 독립된 교환인 까닭에 교환된 물품 전체가 단일 시장에 속해 있다고 볼 수 없습니다.

시장이 가장 알기 쉽기 때문에 이런 예를 들었지만 같은 구조가 시민사회나 도시에서도 성립합니다. 여기에는 바로 단일 사회 영역임을 보증하는 초월적인 요소가 필요합니다.

중요한 것은 이 경우 초월적인 요소는 충분히 추상적이어야 한다는 점입니다. 예를 들어 화폐는 추상적입니다. 이것은 화폐가 보통의 상품이 아니라는 말 속에 표현되어 있습니다. 다른 상품처럼 화폐의 사용가치를 문제 삼아서는 안 됩니다. 그렇기 때문에 화폐가 다른 상품들과 같은 종류로 간주되는 일은 없습니다. 그렇게 되면 교환가능성의 보증이라는 화폐의 기능이 상실되기 때문입니다. 이런 식으로 파악하면, 시민사회에서도 시장과 마찬가지로 현실세계의 다양한 여러 개인을 동등한 추상적인 개인으로 만드는 그런 추상적인 시점이 필요하게 됩니다.

앞서 다이쇼 시대는 도시가 사회의 원형적인 이미지였다고 말했습니다. 또 이 시대의 중심 사조는 민주주의(민본주의)라고 말했습니다. 즉 이 시대의 일본 사회는 기본적으로는 자기 자신을 민주주의적인 시민사회로 이해하고 있었던 것입니다.

여기에서 주목되는 것은 눈에 띄지 않는 천황, 다이쇼 천황입니다. 메이지 천황에 대해서 우리들은 어떤 구체적인 이미지를 가지고 있습니다. 그것은 전형적으로는 천황의 사진과 같은 초상의 형태로 주어서 있습니다. 그렇다면 나이쇼 천황은 추상적인 상태로, 즉 구체적인 실재감을 동반하는 일 없이 군림하는 천황이라 할 수 있지 않을까요?

거듭 말하지만 시민사회적인 시스템이 성립되게 하기 위해서는 추상적인 초월성이 시스템의 단일성을 보증하는 준거점의 역할을 해야 합니다. 다이쇼 천황이 중요한 이유는 이 추상적인 천황이 당시 일본 사회에서 이러한 초월성의—전부는 아니지만—한 가지 형태였을 가능성이 있기 때문입니다.

정확히 말하면 번잡한 수순을 밟아 만들어진 초상 사진의 형태를 취하고 있는 메이지 천황의 신체 또한 구체적인 실제의 신체가 아니라 상당히 이념화된 추상적인 신체라고 할 수 있습니다. 그러나 다이쇼 천황의 신체는 누구도 구체적인 이미지를 가질 수 없는 수준까지 철저하게 추상화되어 있습니다. 다이쇼 천황의 신체는 사람들 앞에 모습을 나타내지 않는 것이 오히려 본질적이라 생각되었던 신체였을 것이라 생각됩니다.

보편성의 격하

이상이 우선 제1단계로서 말하고 싶은 것입니다. 여기까지는 그다지 어려운 이야기는 아닙니다. 앞으로의 이야기는 앞서 언급했던 '일단 말하자면'이라는 보류와 관련 있습니다. 지금까지는 제1차 근사近似입니다. 그러나 사태는 조금 더 복잡합니다.

지금 개체·개인의 보편화된 영역이 성립되기 위해서는 충분히 추상적인 초월성이 필요하다고 말했습니다. 그러나 엄밀하게 말해 완전히 추상적인 요소라는 것은 존재할 수 없습니다. 순수하게 추상적인 초월성이라는 것은 불가능합니다. 따라서 그 효력 하에 확대되어야 할 개인·개체가 완전히 보편적인 규정을 받을 수 있는 영역은 있을 수 없습니다. 존재하고 있다는 것 자체가 특수하게 한정되어 있으며, 어떤 의미를 가지고 구체적으로 눈앞에 나타내고 있다는 것을 의미하기 때문입니다. 즉 존재하고 있다는 것이 순수한 추상성의 부정을 내포하고 있는 것입니다. 단적으로 말하면 예를 들어 금이 그렇습니다. 금은 물질로서의 구체성을 매개로 하여 비로소 화폐로서의 초월성·숭고성을 실현하게 된 것입니다. 금이 물질로서의 특수성에서 벗어나서 화폐로 기능하는 일은 있을 수 없습니다.

여기서는 우선 형식적인 논리를 먼저 설명한 뒤에 구체적 실례를 들도록 하겠습니다. 초월적 요소가 충분히 추상화되어 있지 않다는 것은 그것에 의해 보증되는 경험가능영역이 충분히 보편화되어 있지 않다는 뜻입니다. 그런데 '자본주의'라는 것은 경험가능영역을 보다 고도의 보편적인 것으로 치환해 가는 운동입니다. 그렇다면 경험가능영역의—그것과 관련된 사회 시스템의—단일성을 보증하는 초월적인 요소는 그때마다 아직도 충분히 추상화되어 있지 않다는 것이 분명합니다. 그럼 그때 어떤 일이 생기는 것일까요? 말할 것도 없이 보다 고도의 추상성에 군림하는 초월적인 요소로의 치환이 일어납니다(〈그림3〉의 ①). 물론 그것은 보다 포괄적인 경험가능영역의 성립과 밀접하게 관련되어 있습니다. 이렇게 되면 이제까지의 애매한 상태에 있었던 추상적인 초월성은—보다 엄밀하게 말하면 그런 초월성 아래에 있었던 경험가능영역은—보다 포괄적인 경험가능영역 내부의 하나의 특수적 가능성으로 격하됩니다. 초월적인 메타 레벨에 있었던 것이 초월적인 것에 의해 언급되는 내재적 대상의 수준으로 격하되는 것입니다. 이른바 왕이었던 사람이 평민으로 격하되는 것입니다.(〈그림3〉의 ②)

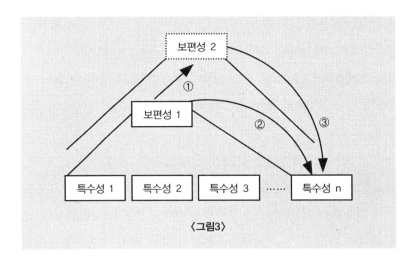

〈그림3〉

그러나 여기에서 이야기가 끝나는 것이 아닙니다. 치환된 초월적 요소도 또 불충분한 추상성에 머물러 있기 때문입니다. 결국—완전한 추상성이 곧 공허함인 이상—어떤 수준의 추상적인 초월성도, 충분히 포괄적인 보편성을 보증할 수 없는 것으로 치환되어 버립니다. 그렇다면 충분히 포괄적·보편적인 경험가능영역은 단지 초월적 요소를 경험가능영역의 내재적 요소로 격하시켜 가는 행위에 의해서만 보증되는 것이 됩니다. 즉 초월적인 요소를 긍정적으로 조정措定하는 것이 아니라 그런 초월성을 내재성으로 끌어내리는 것이야말로 가장 보편적인 경험가능영역을 보증하는 것이 됩니다(〈그림3〉의 ③). 즉 보편적인 경험가능영역을 대표하는 메타 레벨의 초월성은 존재하지 않습니다. 혹은 달리 표현하면 메타 레벨을 대상의 수준으로 끌어내리는 것이야말로 가장 완전한 메타 레벨이라고 해도 좋을지도 모릅니다. 요컨대 예를 들어 시민사회의 보편성을 능가하는 '참된 보편성'을 허용하는 경험가능영역을 가지는 사회적 공간이 있을 수 있다고 한다면, 그것은 초월적 요소를 내재적 요소로 환원하는 행위에 의해 성립된다는 것입니다.

이것은 매우 역설적입니다. 보편적인 경험가능영역의 전체를 보증하는 초월적 요소는, 그 자체가 경험가능영역 내부의 한 특수적 요소로서의 기능을 동시에 갖기 때문입니다.

'세계사의 철학'

이런 것이 실제 사상 레벨에서는 어떻게 나타날까요? 예를 들면 지금 말한 것과 같은 것을 대표하는 전형적 사상으로 '세계사의 철학'을 들 수 있습니다. 이것은 주지하는 바와 같이 니시다와 다나베보다도 조금 젊은 교토 학파의 철학자들, 즉 교토 학파의 제2세대라고 할 수 있는 고야마 이와오高山岩男[50]나 고사카 마사아키高坂止顕[51]가 주장한 것입니다. 혹은 미키 기요시三木清[52]의 '협동주의'가 있습니다.

〈문학계〉의 '근대의 초극' 토론회에서 '세계사의 철학'을 적극적으로 주장했던 2류 철학자들이 출석하여 여러 가지 발언을 합니다. 세계사의 철학이나 협동주의는 일본 파시즘의 아시아에 대한 제국주의적 침략을 정당화했던 이데올로기로 간주되어 지금은 그다지 재조명되고 있지는 않습니다. 이것은 터무니없는 사상이라 생각되고 있습니다. 그러나 단지 이렇게만 치부할 수는 없습니다. 왜냐하

---

50) 고야마 이와오 : 1905~1993. 니시다 기타로(西田幾多郎), 타나베 하지메(田辺元) 등 소위 쿄토학파의 전성기에 교토대에서 철학을 배웠으며, 특히 타나베로부터 큰 영향을 받았다. 세계사의 철학을 주창, 대표적인 저서로『세계사의 철학』등이 있다.

51) 고사카 마사아키 : 1900~1969. 칸트 전공의 철학자. 교토제국대학 철학과를 나왔으며, 니시다 기타로의 제자로 교토학파를 대표하는 인물. 1942년『중앙공론』이 주최한 〈세계사적 입장과 일본〉 좌담회에 참가하였으며, 대표적인 저서로『민족의 철학』,『역사철학서설』등이 있다.

52) 미키 기요시 : 1897~1945. 교토 학파를 대표하는 철학자. 독일에 유학, 하이데거의 영향을 받아 귀국한 후 호세이(法政) 대학 교수를 지냈으며, 제 2 차 대전 말기에 반전 용의로 체포, 옥사하였다. 동아협동체 논의의 주창자로, 대표적인 저서로는『유물사관과 현대의 의식』,『구상력의 논리』등이 있다.

면 세계사의 철학이라는 것은 오늘날 대단히 널리 지지되고 있는 포스트모던의 문화에 대한 정치적 태도와 거의 같기 때문입니다. 이 정치적 태도라는 것은 문화다원주의multi culturalism입니다. 문화다원주의는 언뜻 보면 매우 설득력 있어 이것을 논파하기란 용이하지 않습니다. 그런데 문화다원주의와 세계사의 철학은 거의 동일한 것입니다.

'세계사의 철학'은 이런 것입니다. 근대의 세계사는 실제로는 서양사였다. 즉 세계라는 것은 서양이었다. 이것이 세계사의 철학을 표방하는 논자의 원형을 이루는 인식입니다. 여기에서 그들 논의의 배경이 되는 논리란 다음과 같은 것입니다. 세계가 서양일 수 있었던 것은 서양이 보편주의적인 원리였기 때문입니다. 물론 예로부터 '제국'이라는 정치 시스템은―중화제국이건 이슬람제국이건 간에―내부에 다양한 로컬한 공동체를 포괄하는 보편적인 시스템인데, 그런 고전적인 '제국'은 그 보편성이 보편주의적인 종교에 의해 담보되고 있었습니다. 그러나 서양, 특히 근대의 서양은 내부에 다양한 (보편주의적인) 종교를 감싸 안는, 즉 '종교적 관용'의 원리 하에 내면의 종교적 다양성을 전면적으로 허용하는 시스템이었다는 점에서 종교공동체였던 고전적인 제국보다 더욱 강한 보편주의를 띠고 있었습니다. 다만, 이렇게 강한 보편성을 가지고 있는 서양의 보편주의도 본래는 하나의 보편주의적인 종교, 즉 그리스도교에서 유래하고 있습니다. 어쨌든 이런 서양의 보편주의 하에 있는 사회 시스템을 이상적으로 그리면 시민사회가 됩니다. 그렇다면 서양이라는 것도 〈그림2〉에 제시한 것처럼 적극적인 초월적 원리―예를 들면 '인간'과 같은—하에 있는 보편적 시스템으로 그릴 수 있습니다.

그러나 보편주의처럼 보이는 서양이라 해도 원래는 그야말로 서양이라는 특수한 문화에 지나지 않습니다. 그것이 유일의 보편성으로 세계화되는 것이라면 이것이야말로 특수성을 타자에게 강제하고 있는 것이 됩니다. 세계사의 철학도 문화다원주의도 그런 식으로 생각하고 있습니다. 예를 들면 원리주의적인 이슬람교도에게는 종교적 관용이라는 원리도 받아들이기 어려운 법입니다. 즉 서양 시민사회의 원리라 해도 결코 보편적인 것은 아닙니다.

그러나 세계사의 철학도 문화다원주의도 당장은 서양을 대체할 초월적인 보편적 원리를 적극적으로 제기하고 있는 것은 아닙니다. 즉 예를 들면 이슬람교 쪽이 보편적이라고 주장하지는 않습니다. 세계사의 철학이나 문화다원주의가 기본적인 주장으로 내걸고 있는 것은 서양을 포함한 제문화·제문명의 공존이나 그 한도 내에서의 상대화이고, 그것들이 어떤 초월적 원리 하에서 통일될 수 있는가를 명시적으로 주장하고 있는 것은 아닙니다.

이렇게 되면 세계사의 철학이나 문화다원주의야말로 그 이상 있을 수 없는 궁극의 보편주의라는 인상을 주게 됩니다. 누구나 사이좋게 공존한다는 것을 유일의 적극적인 내용으로 삼고 있기 때문에 반박하기 어려운 설득력을 가지고 있습니다.

그러나 앞서도 언급했듯이 이런 세계사의 철학이야말로 일본의 울트라 내셔널리즘을 정당화하는 동시에 일본의 아시아 침략을 지지하는 이데올로기 중의 하나였습니다. 실은 문화다원주의에서도 비슷한 역전이 일어납니다. 문화다원주의는 종종 다소 극단적인 종

144

족민족주의ethno-nationalism와 결합합니다. 문화다원주의의 주장을 하나의 정치적인 언어행위로 본다면, 그 효력의 진짜 노림수는 보편성 쪽에 있는 것이 아니라 오히려 어떤 특수한 민족의 외부로부터의 분리나 자립에 있습니다.

그런데 이런 반전, 즉 보편주의를 표방하는 사람이 그런 대의명분 아래 특수한 문화나 민족을 우월적으로 옹호하거나 지지하는 반전을 그들의 주장이 실천되는 과정에서 만나게 된 어떤 우연적인 곤란에 의해 현실화되지 못한 것의 결과 혹은 왜곡으로 간주할 수는 없습니다. 그런 것이 아니라 반전 자체가 보편주의의 메커니즘입니다. 궁극적인 보편주의는 바로 스스로를 하나의 특수성으로 제시함으로써 현실화하는 것입니다. 게다가 그 특수성으로서 자기를 제시하는 그 행위야말로 그런 입장의 절대적인 보편성을 보증하는 것이므로 그대로 보편주의로 변해 외부에 대해 강압적으로 때로는 침략적으로 작용할 수 있습니다.

그런데 사상에 관한 이론적인 수준에서의 전개가 그 시대의 사회 변용과 연동되고 있다는 것이 중요합니다. 근대화라는 것은 계속 서양화를 말한 것이었습니다. 사상이나 문화의 측면뿐만 아니라 정치나 경제면에서도 그랬습니다. 즉 정치나 경제에서도 서양이 여러 특수성을 약분하는 메타적인 보편성을 대표하고 있었습니다.(〈그림 2〉 참고) 앞서 파시즘으로 향하는 사회변동의 발단에 제1차 세계대전이 있었다고 지적했는데, 이 세계대전을 경계로 서양의 의미가 결정적으로 변해버립니다. 서양이 서구에서 미국으로 변했던 것입니다. 즉 미국이 서구를 대신하여 초월적인 보편성을 대표하는 자리를 점유하게 되었습니다. 그러나 미국은 그것을 제대로 자각하지 못했습니다. 그래서 여러 특수적인 경험가능영역을 약분하여 대표하는 초월적인 보편성의 자리가 공석이 되어 버린 것입니다.(〈그림 3〉참고) 그렇다면 메타 레벨의 시점을 누락시킨 채로 전통적인 서양까지도 상대화시키는 보편성을 제시하려 했지만, 실제로는 대상 수준의 특수성으로 환류 되어 가는 '세계사의 철학'이라는 사상운 동이 지금 말한 근대화 = 서양화를 둘러싼 의미의 사회적 변용이라 는 것과 대응하고 있음을 알 수 있습니다.

무無의 장소

'자본주의'는 경험가능영역을 보편화해 가는 운동입니다. 니시다 의 '장소'는 그런 '자본주의' 운동의 극한에 있는 완전히 보편화된 경험가능영역을 이론적으로 선취한 것입니다.

보편적인 경험가능영역이 동일성을 가지기 위해서는 그 보편성 만큼의 추상성을 가진 초월성이 필요합니다. 그런데 우리들이 세계 사의 철학 등에서 본 것은 경험가능영역의 통일성을 보증하는 초월 성이 반복해서 그 경험가능영역에 내재하는 한 특수요소로 격하될 수밖에 없다는 것이었습니다. 그렇다면 궁극적인 추상성을 보존하 는 초월성이 바로 초월적인 채로 경험가능영역 위에 군림한다는 것 은 있을 수 없게 됩니다. 요컨대 완전한 추상성이라는 것은 단적으 로 부재와 같은 것입니다.

그래서 니시다는 이렇게 말합니다. '장소'—즉 완전히 보편적인 경험가능영역—는 무無 또는 절대무絶對無라고. '장소'라는 보편적인 영역의 존재를 보증하는 초월적인 요소가 존립할 수 없기 때문입니다. 또 니시다는 '절대모순적 자기동일'이라는 논리를 사용하여 장소에 관해 '다多와 일—의 모순적 자기동일'이라는 특징을 부여하고 있습니다. 이것은 (1) 많은 것, 각각의 요소가 다양한 개별적 특수성 안에 있는 것, 그런 다양성 속에 하나인 것과 (2) 하나인 것, 보편적이고 따라서 필연적으로 단일적·통일적인 것, 이 (1)과 (2)의 두 가지가 완전히 같은 것이 되어 버린다는 주장입니다. 이런 식으로 해석할 수 있다면 니시다가 말하는 '다와 일의 모순적 자기동일'이란, 세계사의 철학에 근거하여 확인해 온 것들에 대해 구체적인 내용을 사상捨象시키고 형식적인 골격만 추려낸 것이라는 것을 알 수 있을 것입니다.

부정적 초월성

니시다에게 장소는 '무'입니다. 이것은 궁극의 보편적인 경험가능영역의 원리적인 불가능성을 함의하고 있습니다. 궁극적인 경험가능영역은 도달 불가능한 것입니다. 그런데 바로 이 도달 불가능성을 매개로 하여 어떤 의미에서는 역설적인 방법으로 보편적인 경험가능영역에 도달할 수가 있습니다. 이것을 설명하면 다음과 같습니다.

완전히 보편적인 경험가능영역은 우선은 도달할 수 없습니다. 그래서 완전히 보편적인 경험가능영역은 어떤 경험가능영역도 신성으로 보편성일 수는 없기 때문에 어떤 경험가능영역도 기껏해야 보편성을 위장하는 것에 지나지 않게 되며, 실은 계속 거부되는 것을 통해 지향된다고 할 수 있습니다. 그런데 그것이 기묘한 역전으로 귀결되게 됩니다.

그 '역전'의 내실을 설명하기 전에 언급해 둘 것이 있습니다. 이러한 역설적인 전환이 사회적인 의미를 가지는 것은 사회 시스템이 '자본주의'적인 것으로 되어 있는 경우에만 가능하다는 점입니다. 왜냐하면 '자본주의'가 아니면 보편적인 경험가능영역으로의 집요하고 강박적인 지향성은 사회적으로 승인될 수 없기 때문입니다.

'자본주의'라는 것은 보편성을 추구하는 욕망을 무한화한 시스템이라고 정의할 수 있습니다. 다른 시스템은 규범의 보편성을 항상 특정한 한계 내에 수렴시킴으로써 안정화됩니다. 그러나 '자본주의'만은 그렇지 않고 보편성을 향한 추구가 멈추지 않습니다.

그런데 이때 다음과 같은 '역전'이 일어납니다. 보편적인 경험가능영역은 어떤 경험가능영역도 계속 거부하는 것을 매개로 지향됩니다. 그렇다면 보편적인 경험가능영역은 역설적이지만 바로 '보편적인 경험가능영역의 도달불가능성'을 확인하는 것을 매개로 할 때에만 도달할 수 있다는 것이 됩니다. 완전히 보편화된 경험가능영역은 아직도 거기에 도달해 있지 않다는 것, 거듭 말하면 결코 거기에 도달할 수 없다는 것, 그런 부정적인 표현을 매개로 해야만 조정 措定되는 것입니다. 그렇다면 정말 이상한 논리이지만 보편적인 경험가능영역이 불가능하다는 것, 이것을 표현하고 확인함으로써 이미 보편적인 경험가능영역에 도달하게 된 것은 아닐까요? 바꾸어 말하면 보편적인 경험가능영역에 도달해 있지 않다, 또 결코 도달할 수 없다, 이것을 알고 있는 자가 가장 보편적인 경지에 서 있는 것이 됩니다.

그렇다면 보편적인 경험가능영역의 불가능성을 확인한다는 것은 어떤 의미일까요? 그것은 '보편적인 경험가능영역―니시다는 이것을 '장소'라 부르지만―을 보증하는 초월성'이 불가능하다는 것을 표현하는 것처럼 부정적·역설적인 초월성을 적극적으로 조정하는 것에 의해 확보되는 것은 아닐까요?

이러한 부정적인 초월성은 바로 그 부정성을 나타내는 초월성이어야 합니다. 그래서 거기에는 다음과 같은 조건이 부여되기 마련입니다. 첫째로 이러한 부정적인 초월성은 추상화되는 것에 저항하는 구상적인 실재이어야 합니다. 통상의 초월성은 추상적인 것으로 승화되어 구체적인 경험의 영역으로부터 물러나 진실로 초월적으로 될 수 있습니다. 지금까지 말해 온 역설적인 초월성은 이 초월성을 위한 (필요)조건을 부정하는 것이 되어야 합니다. 두 번째로 경험가능영역으로의 내재성을 표시하는 초월성이어야 합니다. 초월적인 요소는 일반적으로는 경험가능영역의 외부에 있고 그 내적인 일관성이나 (일정 수준의) 보편적인 타당성을 보증하는 것으로 군림합니다. 그러나 역설적인 초월성은 이것의 불가능성을 나타냅니다. 한 마디로 내재적이라는 것이 초월적인 것의 증거가 되는, 그런 초월성이어야 합니다.

물物로서의 천황

여기서 하나의 결론을 말하자면 일본의 파시즘에서 천황이란 지금 말한 것과 같은 부정적·역설적인 초월성이었다고 생각합니다. '해파리 연구가'라는 것이 그대로 초월적이라는 것을 의미해 버리는 것과 같은 초월성. 이것이 천황에 의해 표현되었던 것은 아닐까요? 일본의 전형적인 울트라 내셔널리스트의 근본적인 주장은 일본 국민이 천황의 '적사'라는 것입니다. '적사'라는 비유적인 표현에서 포인트가 되는 것은 천황과 신민과의 관계가 매우 직접적이라는 것입니다. 천황이 아득한 저편의 구름 위에 군림하고 있는 것이 아닙니다. 천황과 신하가 부모 자식과 같이 친밀한 관계에 있다는 것이 중요합니다. 그래서 천황과 신하 사이에 거리를 두는 중간적인 제도는 아무래도 부정적으로 평가될 수밖에 없습니다. 천황에게 아버지와 비교되는 강인함이나 숭고함보다도 모성적인 친밀성이 강조된 이유도 여기에 있습니다. 신하를 적자의 위치에 놓는 천황은 여기와는 동떨어진 곳에 군림하는 초월성이 아니라 내재적인 직접성으로 군림하는 초월성입니다.

니시다 기타로는 쇼와 15년(1940)에 출판된『일본문화의 제문제日本文化の諸問題』에서 황실에 대해 조금은 이상한 말을 하고 있습니다. 이것은 2년 전에 있었던 강의를 약간 수정하여 만든 책인데, 니시다가 공공연하게 천황제 파시즘을 지지하고 있다는 식으로 읽혀져 문제가 되기도 했습니다. 이 책에서 니시다는 '물物'이라는 말을 사용하여 일본문화의 특징을 파악하거나 황실의 의의를 철학적으

150

로 설명하고 있습니다. 그는 일본문화의 특징은 주체가 물物이 되는 것, 주체가 물物이 되어 지각하고 행위하는 것에 있다고 말합니다. 그리고 니시다는 황실중심이라는 것이 바로 이러한 것을 표현하는 것이라고 말합니다. 니시다의 텍스트에도 이 '물物'에 대한 어떤 명시적인 설명은 없습니다. 그러나 저는 그대로 해석하면 된다고 생각합니다. 물物이 된다는 것은 세계를 초월하려는 것이 아니라 경험적인 세계에 다른 사물과 함께 늘어선 하나의 특수한 사물로서 내재한다는 뜻입니다. 황실이 이 물物(이 된다는 것)을 대표한다는 것은 황실이나 천황의 초월성이 물物의 세계에 내재해 있음으로 인해 보증된다는 말입니다.

좀더 덧붙이자면 제1차 세계대전과 제2차 세계대전 사이에 파시즘이 등장했을 때, 그 파시즘이라는 것이 대공황과 연동해 출현했다는 것에 주목할 필요가 있습니다. 파시즘과 대공황은 물론 별개의 것이므로 반드시 양자가 같은 것은 아닙니다. 하지만 이 문맥에서 양자는 관계가 있다고 봅니다. 즉 대공황이라는 것은 이른바 초월성의 부정입니다. 달리 말하면 금의 초월성에 대한 부정입니다. 대공황이라는 것은 오랫동안 화폐의 궁극의 담보였던 금의 초월성을 부정하는 것이었습니다. 이러한 초월성의 부정이 파시즘의 도래와 역사적으로 일치한다는 것은 지금까지의 논의 위에서 생각해 보면 역시 이유가 있는 것입니다.

일본 파시스트 중 다수가 법화경法華經을 좋아했습니다. 이 사실은 잘 알려져 있지만 그것의 사상적 그리고 정치학적 의미는 충분히 검토되지는 못했습니다. 파시즘과 법화경 사이에 친근성이 성립하는 이유는 법화경이 초월적인 것—예컨대 부처—의 세속에의 내재를 그 특징적인 주장으로 내포한다는 점에 있다고 생각합니다. 초월적인 것이 바로 세속 안에 있다는 것, 즉 부정적인 초월성의 본연의 모습을 법화경은 담고 있습니다.

저는 우리들이 지금 직면하고 있는 상황이나 곤란이 형식적인 구조에서 볼 때, 쇼와 초기의 파시즘기와 닮았다고 생각합니다. '근대의 초극'론이 나왔을 때의 사상이나 사회 분석은 오늘날 우리들의 경험을 이해하는 거울이 될 수 있다고 생각합니다. 예를 들면, 전전戰前의 2·26사건에 대응하는 것처럼 보이는 근래의 테러가, 직접적으로 법화교도 계열은 아니지만 역시 광의의—적어도 자기인지에 있어서는—불교계열의 종파에 의해 행해졌다는 사실은 저의 이런 주장을 암시적으로 뒷받침하는 것이라고 생각합니다.

단지 마지막으로 덧붙이자면 저는 '자본주의'의 전개 = 전환이 필연적으로 파시즘에 이르렀다고 생각하지는 않습니다. 또한 니시다와 같은 사고가 필연적으로 파시즘 옹호로 귀결된다고 말하고 싶은 것도 아닙니다. 더구나 불교나 법화경이 필연적으로 파시즘적이라는 것도 아닙니다. 제가 말하고 싶은 것은 오히려 파시즘으로의 유혹에 진정으로 저항할 수 있으려면, 그것은 앞에서 거론한 사고나 실천 속에서만 가능하다는 점입니다.

3부
전후·후의 사상

1.
기억의 부재

처자의 기억상실

제1부에서 고지마 노부오小島信夫의『포옹가족抱擁家族』을 1970년의 전환을 예고하는 작품으로 언급했습니다. 이 작품은 전후 사상이라는 담론을 가능케 했던 미국이라는 초월적 타자에 대한 어떤 위화감을 표현하고 있습니다.

『포옹가족』의 암시에 따라 만일 미국이라는 정신적 후원자를 거부한다면 그것을 대체할 수 있는 것은 무엇일까요? 소설에서는 주일 미군병사가 미국을 대표하고 있습니다. 이 병사와 주인공 미와 슌스케三輪俊介의 처가 불륜 관계에 빠집니다. 미와와 그의 처는 결국 이 미군병사를 거부합니다. 즉 미와는 무심코 '고 백 양키'라고 말해 버립니다. 이처럼 미국을 거부한 경우에 그 빈자리를 메우는 것은 누구일까요? 그것은 바로 미와 슌스케 자신, 남편이자 아버지인 그밖에 없습니다. 즉 미국이라는 후원자 없이 일어선 아버지가 등장하는 것입니다. 미국이라는 후원자가 없어진 그 자리를 대신한 것은 자신의 두 다리로 서 있는 아버지, 즉 주인공입니다. 소설은 이런 구도를 취하고 있습니다.

이 소설을 다시 언급하는 이유는 다음과 같습니다. 1997년 10월에 출간된 『아름다운 나날麗しき日々』이라는 고지마의 작품이 있습니다. 이것은 이미 여러 사람에 의해 논해진 작품으로 『포옹가족』의 후일담 형식을 취하고 있습니다. 주인공의 이름도 그대로 사용되고 있습니다. 즉 이 소설은 『포옹가족』이 그 후 어떻게 되었는가, 정신적으로 미국으로부터 독립한 가족이 그 후 어떻게 되었는가를 90년대 중반의 시점에서 그리고 있습니다.

이 작품의 중요한 주제는 기억상실입니다. 즉 주인공의 처와 아이가 함께 기억상실에 걸립니다. 여기서 처는 후처입니다. 『포옹가족』에서의 전처는 죽었고, 그 후 결혼한 아내는 노화 때문에 기억을 잃기 시작합니다. 그리고 아들은 여러 가지 이유로 심각한 알코올 중독에 빠져 역시 일종의 기억상실에 빠집니다.

처도 아들도 기억을 상실한다는 이 구조는 무엇을 암시하고 있는 것일까요? 기억상실의 진짜 원인은 아버지이자 남편인 주인공, 즉 미와 슌스케의 어떤 삶의 방식 혹은 스타일에 있다고 저는 생각합니다. 그렇기 때문에 처도 아들도 기억을 잃게 되는 것입니다. 이것은 처나 아들 쪽에 원인이 있는 것이 아니라 처와 아들 양쪽과 관계가 있는 제3자, 즉 남편=아버지에게 원인이 있기 때문입니다.

그렇다면 미와 슌스케의 존재 방식이란 어떤 것일까요? 소설 속에는 이렇게 나타나 있습니다. 필자 자신을 투영하듯 미와 슌스케의 직업은 소설가입니다. 『포옹가족』에서는 대학의 교원이었지만 그럭저럭 해 가던 대학 강의를 그만두고 작가로 자립한 듯합니다. 그렇다면 '소설가'라는 표현에 의해 상징되는 어떤 존재 방식, 그 존재 방식이 기억상실의 근본 원인은 아닐까요? 이것이 이 소설의 기본적 모티브라고 생각합니다.

실제로 이 소설에서 주인공은 '늙은 소설가'라든가 '노작가'라는 말로 언급됩니다. 즉 이 작품은 주인공이 소설가라는 것을 강조하고 있습니다. 소설가란 무엇일까요? 물론 간단하게 정의할 수 있는 것은 아니지만, 우선 대략적으로 말하자면 인생에 대해서 한 발 물러나 이를테면 외부의 초월적인 타자의 눈이 되어 인생을 조용히 관찰하는 사람이라고 말해두고 싶습니다.

베네딕트 앤더슨은 『상상의 공공체』라는 내셔널리즘에 대한 훌륭한 이론서 속에서 소설을 정의하는 근본적인 스타일에 대해 쓰고 있습니다. 그것은 '그 사이에meanwhile'라는 어법입니다. 소설 이전의 고전적인 이야기에는 '그 사이'라는 어법이 없습니다. 소설이 나오면서 그 어법이 등장하게 됩니다. '그 사이'라는 것은 예를 들면 주인공 A와 B가 싸움을 했다, '그 사이' 처 C는 다른 남자 D와 불륜을 저지르고 있다와 같은 식의 어법입니다. 이 경우 주인공이 있는 현장과 부인이 있는 현장은 떨어져 있고 서로 볼 수 없습니다. 그러나 소설의 작자는 '그 사이'라는 말로 이 두 가지를 연결할 수 있습니다. 즉 이러한 형태로 전체를 부감하는 것입니다. 등장인물들은 각각 국지적 장소에 갇혀 있고, 각각의 지역에서 다른 쪽으로 시선이 도달하지 못합니다. 그러나 소설가만이 '그 사이'라는 말로 양자를 연결할 수 있습니다. 이런 것을 가능하게 하는 장場을 점유하고 있는 것이 바로 소설가입니다. 그러니까 소설가는 등장인물에 대해 초월적인 타자로서 인생을 관찰하고 기록하는 사람이라고 할 수 있습니다.

그렇다면 『아름다운 나날』이라는 이 소설은 대단히 아이러니컬한 이야기를 하고 있는 셈이 됩니다. 만일 소설가로서의 아버지, 혹은 남편이 원인이 되어 처와 자식이 기억상실에 걸렸다면, 이것은 소설가의 시점에서 인생의 진실을 기록하는 것이 기억상실이라는 대가를 치러야 한다는 것, 달리 말하면 기록하는 자의 관찰 대상이 됨으로써 기억을 상실한다는 아이러니를 의미합니다.

아내의 기억 변조가 처음 나타나는 것은 다음과 같은 장면입니다. 주인공은 부인과 산책을 합니다. 이 부부는 고원을 산책하는 것을 좋아합니다. 언제나 그렇습니다. 그리고 이렇게 쓰여 있습니다. "코스는 그에게 맡기고", 여기서 그는 주인공을 말합니다. "그래도 처는 대개 어디를 걷고 있는지를 알고 있는 듯했다." 길 선택을 주인공에게 위임하는 처의 태도에는 주인공에 대한 그녀의 확실한 신뢰가 넌지시 드러나 있습니다. 그런데 조금 지나서 다음과 같이 되어 있습니다. "고원의 길을 걸으면서 그녀는 이제 절반 밖에 그의 이야기를 듣지 않았고, 조금 뒤에는 듣는 것조차 그만둔 것 같았다. 그것은 너무나 외롭기도 하고 절망적이기도 했다." 즉 아내는 계속 남편을 따라 걷습니다. 여기에는 남편에 대한 아내의 기본적인 신뢰가 있습니다. 그러나 어느 지점부터 돌연 아내는 남편의 이야기를 듣지 않게 됩니다. 아내가 남편에 대해 무관심해지고 있는 것입니다. "그리고 그녀는 길에 웅크리고 앉아 얼굴을 감췄다." 즉 울고 있는 것입니다. 그 다음이 더 흥미롭습니다. 주인공은 아내를 바라보며 "그렇게 하고 있는 것이 그 자신인 것처럼 보였다"라고 이어갑니다. 이 부분이 기억상실의 시작 부분입니다. 즉 그때까지 주인공에 대한 강한 신뢰를 기반으로 살아갔던 아내가 이때부터 주인공이 마치 존재하지 않는 것처럼 행동하기 시작하고, 그것이 계기가 되어 기억상실에 빠진나는 구조입니다. 그 이유에 대한 설명은 일단 보류해 두고, 우선 이것을 오늘 이야기의 도입으로 해 두고 싶습니다.

여기에서 중요한 것은 1997년이라는 해입니다. 최근 2, 3년의 — 세계적으로 본다면 1980년대 후반부터 10년 정도의 — 시간 동안 우리들을 사로잡았던 사상적 과제는 기억의 가능성 혹은 불가능성이라는 문제입니다. 이것은 주로 역사의 문제로서 논의되어 왔습니다. 이것을 가장 극단적인 형태로 보여준 사건이 홀로코스트, 즉 유대인학살 사건입니다. 이러한 사건이 기억될 수 있는가, 표상될 수 있는가, 가능하다면 어떻게 가능한가, 도대체 기억이라는 것은 무엇인가, 단지 경험했다고 해서 기억으로 축적 되는가 때로는 가능하기도 하며 때로는 불가능하기도 한 이 기억이란 도대체 어떤 것인가라는 것이 우리들의 큰 사상적 과제였습니다. 따라서 이 소설에서 주인공과 관계되는 가장 중요한 두 인물이 함께 기억상실에 걸린다는 설정은 상당히 시사적인 것입니다.

사상공간으로서의 전후의 정의

제1부에서 가토 노리히로의 『패전후론敗戰後論』을 참고로 하여 다자이 오사무太宰治가 전시 중(광의의)에 있었던 사상 표현의 곤란 (혹은 불가능성)을 전쟁이 끝난 뒤에도 자각적으로 유지하고 있었다는 이야기를 했습니다. 사상은 지금 우리가 무엇을 체험하고 있는가, 즉 그 체험의 진실을 파악하는 것을 과제로 합니다. 그런데 전쟁은 이러한 진실을 파악하는 것, 요컨대 기억하는 것의 곤란함으로서 체험됩니다.

이제부터 전후를 거꾸로 정의해 보겠습니다. 전후란 이러한 곤란함, 즉 사상 표현 혹은 기억의 불가능성이 다행히도 사라진 시간이라고 할 수 있습니다. 이러한 불가능성이 어떻게 극복되었는가라는 문제와 관련하여 앞서 미국을 언급했습니다. 물론 여기서 문제가되는 것은 실제 국가로서의 미국이라기보다 상징적 의미에서의 미국입니다. 미국으로 상징되는 어떤 독특한 시점의 파악 방법이 이러한 불가능성을 극복하는 것에 결정적으로 관여했다고 생각합니다.

저는 이런 식으로 말했습니다. 이러한 사상에 대한 곤란을 소거하고 극복한다는 것은 전쟁을 망각하는 것이라고. 물론 전쟁이 있었던 것은 누구나 알고 있습니다. 그러나 적어도 내적인 체험으로서의 전쟁은 망각된다는 것입니다. 누구나 1945년에 끝난 전쟁이 있었으며, 일본이 그 당사국인 것을 알고 있습니다. 그러나 그것을 자기 자신의 현재에서 결코 누락시킬 수 없는 의미로서는 기억하지 않습니다. 현재 자신의 아이덴티티, 즉 현재 자신이 자신이라는 것에 불가결한 의미를 가진 것으로 과거의 전쟁을—대부분의 사람이 직접적으로 참가했던 것이 아닌 과거의 전쟁을—역사적으로 기억하지는 않습니다. 게다가 이러한 전쟁의 역사적 망각은 이중화되어 있습니다. 즉 전쟁의 내적 체험이 역사적으로 기억되지 않을 뿐만 아니라, 실로 기억되고 있지 않다는 그 사실—망각의 사실—이 망각되고 있습니다. 그러나 다자이의 태도가 암시하듯이 애초에 전쟁은 사상적으로 표현되고 기억되는 것에 대한 본질적인 저항으로서 존재하고 있었던 것은 아닐까요? 그렇게 의심하는 것도 가능합니다.

정리하자면 여기에서 제가 정의하는 전후란 전쟁 중에 있었던 철저한 표현의 불가능성 같은 것이 소거되어 그 대상으로서의 전쟁 그 자체가 이중으로 망각되고 있는 단계입니다. 거듭 말했던 것처럼 그 표현 불가능성을 극복하는 데 결정적으로 중요했던 것은 미국이라는 시점입니다. 제가 1965년에 쓰인 고지마 노부오의 소설을 잠시 거론한 것도 그런 이유 때문입니다. 그것은 미국의 그늘 아래에 있으면서도 미국의 비호 아래에 있다는 것에 위화감을 느끼기 시작한 소설입니다. 즉 미국은 국제정치 제도로서 계속 일본과 동맹관계를 이루고 있지만, 일본이 미국을 자연스럽게 받아들이고 미국에게 항복했다는 것에 어떤 위화감도 느끼지 않았던 시기가 1970년대까지입니다. 그 이후로는 미국의 비호 아래에 있다는 것에 위화감을 느끼게 됩니다. 그리고 어떤 식으로든 사상적으로 대결해야 한다는 문제가 제기됩니다.

이런 식으로 생각하면 여기에서 정의한 전후는 대체로 1970년에 끝납니다. 저는 전후를 1945년에서 1970년대까지의 25년간으로 생각하고 싶습니다. 여기에서는 그 이후 어떤 일이 일어났는가를 보고자 합니다. 이것이 '전후·후'의 사상이라는 의미입니다. 즉 1970년 이후의 사상이라는 것을 이야기하려 합니다.

제1부에서 마루야마가 좌담회에서 던진 말을 인용하면서 마루야마는 처음부터 전쟁에 대해 방관자였다고 말했습니다. 그는 전쟁을 그 내부에 휘말린 상태로 체험하지 않았습니다. 즉 전쟁을 처음부터 망각하고 있던 입장입니다. 그래서 전후지식인의 입장에서 전후 사상을 처음부터 주도할 수 있었습니다. 다시 말해 마치 전쟁에 관여하지 않았던 것처럼 전쟁에 대해 언급할 수 있는 시점을 획득하는 것이 전후 사상의 가능성이었던 것입니다. 마루야마는 전쟁 중부터 그랬습니다. 그래서 전후지식인으로서의 태도를 일찍이 완비할 수 있었던 것입니다.

2.
전후 · 후 사상개관

전환기

1970년대부터 지금까지의 시기를 개략적으로 정리하고자 합니다. 이것은 현대의 이야기입니다. 현대의 이야기는 우리들이 현대에 살고 있으므로 한편으로 바로 이해할 수 있습니다. 그러나 다른 한편으로 본질적인 점을 오히려 잘 모를 수도 있습니다. 즉 지금 대체 무엇이 일어나고 있는가에 대해 나중에 뒤돌아보면서 '아, 그런 것이었구나' 하고 깨닫는 것처럼 바로 지금 현재에는 잘 모르는 점이 있을 것입니다.

1970년대의 직전인 1968년을 정점으로 1972년까지의 시기는 일종의 이행기였습니다. 이 시기는 여러분 모두 잘 아시다시피 학생운동이 절정이었습니다. 젊은이들에 의한 반란의 시기입니다. 이 시기는 딱히 일본만이 아니라 대다수의 선진국에서도 그랬듯이, 근대라는 것을 주도한 사상, 특히 일본의 경우는 전후 민주주의와 같은 이념이 비판당한 시기라고 할 수 있습니다. 단, 이 경우 이렇게 근대 혹은 전후를 주도했던 개념을 비판하는 입장 자체가 기본적으로 근대적이고 또한 전후적인 이념을 전제로 하고 있었습니다. 그렇기 때문에 1968년에서 1972년 정도의 시기는 근대와 전후의 이념이 자기비판을 전개하는 시기라고 할 수 있습니다.

구체적으로 전후 민주주의에 대한 비판은, 예를 들면 실존주의적인 개인의 주체성을 전제로 한 논의이거나 어떤 종류의 공동성을 전제로 한 소외론 형식을 취했습니다. 실존주의적인 개인이나 어떤 종류의 평등한 공동성은 모두 민주주의를 지탱하는 기반입니다. 그러므로 이런 종류의 비판은 근대가 자신을 비판한다는 일종의 모순된 방법을 의미합니다. 달리 말하면 이때 비판받는 것은 미국적인 것입니다. 이론적으로 말한다면 미제국주의 혹은 자유라든가 민주주의라는 미국적인 이념입니다. 그런데 이러한 미국적 이념이나 제국주의를 비판하는 당사자는 미국으로부터 도입된 문화에 빠져 있습니다. 이렇게 미국적인 이념으로 미국을 비판한다는 태도가 이 시기의 비판을 희화적으로 상징합니다.

여하튼 이러한 방법은 모순입니다. 스스로 자신의 기반을 다져가기 때문입니다. 그렇기 때문에 점차 자신이 입각해 있는 입장이 도대체 무엇인지 모르게 됩니다. 즉 그 비판의 대상 자체가 자신의 논거이기도 한 탓에 비판자 스스로가 입각하고 있는 기반이 점점 공허해집니다.

이 시기의 사상·논법을 가장 극단적인 형태로 자극한 것이 요시모토 다카아키吉本隆明였습니다. 물론 요시모토의 사상 그 자체는 방금 말한 것과 같은 단순한 모순으로 환원되지 않습니다. 그는 자신이 실로 납득할 수 있는 형태로만 사고하려는 태도를 철저히 견지한, 일본에서는 보기 드문 사상가였습니다. 단, 그의 사상이 시대와 서로 영향을 주고받으며 당시 젊은이의 사고와 행동을 자극했다는 점은 지적해 두고 싶습니다. 그러므로 요시모토의 사상 내부에는 훨씬 다양한 가능성이 있습니다.

내향의 세대

이처럼 1968년부터 1972년 정도의 이행기를 거치면서 사회를 비판하기 위한 기준이 되는 이념이나 이상은 점점 공허한 것이 됩니다. 즉 자기가 자신을 비판하는 가운데 자기 자신의 기반이 없어지게 된 것입니다. 저는 옴진리교에 대해서 쓴 『허구의 시대 끝에서虛構の時代の果て』라는 책 속에서 전후 직후부터 1970년 정도까지의 단계를 '이상의 시대理想の時代'라고 불렀습니다. 1968년부터 1972년 정도의 단계에, 즉 사회를 비판한다든가 승인할 때의 기본이 되는 이념이나 이상이 점점 공허해지는 이 시기에, 바로 '이상의 시대'의 기초가 붕괴하기 시작했습니다. 이것은 달리 말하면 '이상의 시대'의 말기에 해당합니다.

이때 등장한 것이 이행기적이며 따라서 단기적인 성격을 띠는, 이른바 '내향의 세대'라고 불리는 일군의 작가와 비평가들입니다.

'내향의 세대'란 오다기리 히데오小田切秀雄가 처음 사용한 말로, 그는 이 말을 상당히 비판적인 의미로 사용했습니다. 그러나 결과적으로는 그 세대의 분위기라는 것을 잘 보여준다는 점 때문에 지금은 비판적인 의미로부터 독립되어 사용되고 있습니다. '내향의 세대'라 불리는 소설가나 비평가는, 예를 들면 후루이 요시키치古井由吉라든가 고토 메이세이後藤明生, 구로이 센지黑井千次, 또 평론가 가와무라 지로川村二郎, 아키야마 슌秋山駿 등입니다. 표면적인 수준에서 보자면 이들은 이미 타자를 고발하거나 비판하기 위한 논거를 갖고 있지 않습니다. 사회의 변혁에 직접적으로 참가할 때 자신의 입각점을 갖고 있지 않습니다. 그러므로 기본적으로 내측으로 시선이 향하는 것입니다. 그것이 '내향의 세대'라 불리는 비평가나 작가들의 특징이라고 할 수 있습니다.

이 '내향의 세대'는 70년까지 일어난, 어느 이념의 진공지대라는 것에 정확히 대응하는 형태로 나온 것이라 생각합니다. 만약 그렇다면 이 '내향의 세대'는 과도기적인 것이 됩니다. 실제로 이것을 정확히 짚어낸 것이 가라타니 고진柄谷行人입니다. 즉 이것은 아사다 아키라浅田彰도 어딘가에서 언급했지만, '내향의 세대'가 갖고 있는 지향성이나 방향성 같은 것을 그 내부로부터 깨뜨리고, 그로 인해 역으로 어찌되었든 '내향의 세대'를 과도기적인 것으로 인상지운 것이 가라타니 고진입니다. 가라타니도 당시는 '내향의 세대'로 분류되었습니다. 그러나 그는 '내향의 세대'를 자기파탄으로까지 끌고 갑니다. 가라타니가 표현한 것은 다음과 같은 것입니다. '내향의 세대'라면 외부 세계에는 관심을 두지 않는 반면 내면적으로는 상당히 풍부하다는 인상을 준다. 그러나 내면밖에 갖고 있지 않는 '내향의 세대'는 그 내면조차도 빈곤하다는 것이 가라타니 씨의 주장입니다.

맥베스의 우울

예를 들어 전형적인 것으로 1973년에 쓰인 '맥베스론'이 있습니다. 맥베스의 이야기는 모두 알고 계시는 것처럼 맥베스가 마녀에게 예언을 듣습니다. 예언이 일종의 살인교사가 되는 셈입니다. 마녀에게 예언을 듣고 있을 때, 맥베스가 완전히 멍하게 있었던 것에 가라타니는 주목합니다. 맥베스에 대한 보통의 이해는 맥베스가 권력에 상당한 야심을 품고 있다거나 그러한 권력의 야심에 갈등을 일으켜 번뇌하는 인물이라는 것입니다. 가라타니의 이해는 이러한 것과는 전혀 다릅니다. 맥베스는 그러한 명확한 의지나 야심을 갖고 있지 않다는 것입니다. 맥베스는 마녀의 예언을 들었을 때 넋이 나간 상태가 됩니다. 즉 가라타니는 맥베스가 담당하고 있는 것은 권력을 향한 야심이나 의지가 아니라고 말합니다. 가라타니는 맥베스는 무엇인가 이유를 알 수 없는 우울을 안고 있는 인간이라는 식으로 논하고 있습니다.

그럼 무엇이 맥베스에게 그런 우울을 안겨주었을까요? 맥베스는 결국 던컨 왕을 살해해 버립니다. 그 살해 장면을 해석하면서 가라타니 씨는 이렇게 논합니다. 즉 맥베스는 임금을 죽이면서 자기 자신을 어쩐지 타인처럼 느낀다고 말한다. 즉 그는 왠지 모르게 자기 자신에 대해 자기 자신이 소원한 듯한 느낌을 안고 있다 라고 요약하면 맥베스라는 사람은 중요한 때에 몽유병 상태가 되는 특징이 있습니다. 자신에게 있어 가장 중요한 때, 다시 말해 자신이 의지하고 있는 것이 무엇인지 가장 명확해야 할 때 자신이 아닌 기분이 되어 버립니다. 여기서 가라타니는 맥베스가 나타내는 것은 개인의 내부와 외부는 명쾌하게 분리할 수 없을 뿐만 아니라, 그러한 것은 처음부터 불가능하다는 사실이라고 말합니다. 그리고 이것의 필연적인 결과로서 외적인 자신과 진정한 자신이라는 분리가 실은 불가능하다는 것입니다. 가라타니는 '맥베스'가 이것을 증명했다는 식으로 이 희곡을 읽고 있습니다. 이러한 독해는 '내향의 세대'가 근거로 하던, (개인 정신의) 내면성을 그 내부로부터 부정으로 이끄는 것이라 해석할 수 있습니다.

나아가 가라타니 씨는 이러한 것을 이야기합니다. 왜 맥베스가 이러한 인물인가를 묻고 있습니다. 그것은 맥베스가 일체의 의미를 거절하고 있기 때문이라는 것이 가라타니의 생각입니다. 이것은 어떠한 의미일까요? 당시에 실존주의가 유행하면서 '인생은 부조리하다'와 같은 종류의 말이 있었는데, 맥베스는 이미 '인생은 부조리하다'와 같은 의미조차 말하지 않습니다. 왜냐하면 인생이 부조리하다든가 세상이 부조리하다는 식으로 말하는 것은 세상이나 인생에 의미가 있어야 하는데, 맥베스에게는 그것이 결여된 듯 보이기 때문입니다. 즉 부조리를 말하려면 인생이나 세상에 의미가 있어야 하기 때문입니다. 부조리라는 감각은 세상이 유의미하다는 낙관주의를 전제로 합니다. 그러나 인생이나 세상이 부조리하다는 것조차 말하지 않는 맥베스는 그러한 것을 말하는 자보다 더욱 철저하게 인생이나 세상의 의미를 거절하고 있는 셈이 됩니다. 이것이 가라타니의 해석입니다.

이러한 해석은 전후 1970년까지의 과정, 혹은 보다 넓게 보면 근대를 지탱해 온 이념이나 이상이라는 것이 설득력을 잃고 대부분 사라지려 하는 시기에 대응해서 나온 것이라는 것을 고려하면 알기 쉬울 것이리 생각합니다. 즉 세계나 인생의 의미를 지탱하고 있는 이념이 이제는 사라지고 없는 것입니다. 이런 것을 '맥베스론'에서 가라타니 씨는 표현하고 있습니다.

중압감으로부터의 해방

이렇게 해서 어떤 종류의 이념이나 이상, 혹은 세상 그 자체의 의미나 그러한 것을 지탱하고 있는 공동체의 아이덴티티라든가 개인의 내면성의 무게감, 이러한 것으로부터 해방된 사상이 70년대, 특히 70년대 중반 이후를 석권하게 됩니다. 이념이나 이상이라는 것의 무게감, 혹은 그러한 것을 지탱하는 공동체나 개인의 아이덴티티의 깊이나 무게감, 이러한 것으로부터의 해방감이란 그때까지 이러한 중압감 속에서 살아온 사람에게는 대단히 큰 것입니다. 이러한 해방의 이념적인 근거가 된 사상이 70년대의 사상, 달리 말하면 70년대다움을 대표하는 사상입니다.

대표적인 논자로서 3년 전에 세상을 떠난 히로마쓰 와타루廣松渉 같은 사람이 있습니다. 히로마쓰 씨는 대단히 여러 가지 일에 관여한 사람인데 마르크스를 소외론과 물상화론으로 대조시키는 발상으로 유명합니다. 즉 초기의 마르크스는 소외론으로 생각하고 있지만, 성숙했을 때의 마르크스는 물상화론으로 생각하고 있다고 히로마쓰 씨는 주장하고 있습니다.

소외론이란 내면에 어떤 실체가 있어 그것이 외부화된다는 사상입니다. 그렇기 때문에 무엇인가 이를테면 개인의─경우에 따라서는 개인이 아니라 아이덴티티를 갖고 있는 공동체에도 해당되지만─내면의 본질이라는 것이 내측에서 자존自存하는 것을 전제로 합니다. 즉 외부화＝소외되어야 할 내적 실체가 존재하는 것을 전제로 하고 있습니다. 이것은 내면의 아이덴티티가 갖고 있는 무게감이나 깊이를 전제로 할 때만이 가능한 이론입니다. 이에 대해 물상화론은 오히려 역으로 생각하는 것입니다. 물상화론이란 본래 관계라는 것이 물건처럼 자율적인 실체로 나타난다고 설명하는 이론입니다. 인간의 내면성이라는 것도 사회적인 관계를 전도시켜 파악할 수 있는, 일종의 착시의 산물이라고 간주하는 것입니다. 인간이란 관계의 총체라는, 마르크스가 '포이에르바하 테제'에서 언급한 말이 물상화론의 사상을 요약한 것으로 인용되기도 했습니다. 인간의 내적인 아이덴티티에 비해 관계가 선행하는 것이므로 논의의 전제로 무게감을 갖는 내면이라는 것이 없어도 된다는 점에서 히로마쓰 씨의 논의는 상당히 해방감을 안겨주는 사상입니다.

히로마쓰와 함께 널리 읽힌 사람으로서는 문화인류학자인 야마구치 마사오山口昌男[53])가 있습니다. 야마구치 씨의 논의는 이런 것입니다. 공동체의 문화 구조는 '중심과 주변'이라는 기호론적인 이항대립이 구성하는 역동성에 의해 묘사될 수 있다. 즉 공동체가 갖고 있는 아이덴티티는 항상 주변에 의해 상대화되고 오히려 그것에 의해 활성화된다는 것입니다. 그에게 문화는 트릭스터trickster라든가 익살과 같은 '주변'을 대표하는 요소를 반드시 그 안에 담고 있고, 그것들은 진지한 공동체의 중심적 이념이나 이상을 상대화합니다. 그리고 또 이념이나 이상이 경화硬化되는 것을 방지합니다. 익살이나 트릭스터 덕분에 공동체의 진지한 중심을 상대화하거나 그것으로부터 거리를 둘 수 있게 된다고 야마구치 씨는 설명하고 있습니다.

히로마쓰 씨가 사람들을 개인의 아이덴티티로부터 해방시켰다면, 야마구치 씨는 공동체가 갖고 있는 가치나 규범의 중압감으로부터 사람들을 해방시켰습니다. 그들은 이러한 해방의 효과를 갖는 사상을 70년대에 전개했습니다. 그들의 책은 70년대 후반부터 특히 널리 읽혔습니다.

---

53) 야마구치 마사오 : 1931~. 문화인류학자. 1970년대 초반부터 『현대사상』에 기고를 시작하여 구조주의나 기호론의 관점에서 공동체의 문화적 재생산 과정에 새로운 입론을 제시하였다. 1980년대의 '뉴아카데미즘' 붐의 원동력이 된 인물이기도 하다.

3.
소비사회적 시니시즘

사상의 카탈로그

이상과 이념으로부터의 해방감을 안겨준 70년대의 사상에 뒤이어 그 결과로 나온 것이 80년대의 사상입니다. 80년대 사상은 70년대의 전개를 생각하면 그 필연의 결과라고도 할 수 있는 스타일을 띠고 있습니다. 그 스타일은 '소비사회적 시니시즘'이라고 할 수 있습니다. 이 소비사회적인 시니시즘을 대표하는 두 사람에 대해 거론하고자 합니다. 정작 본인들은 대표할 생각은 아니었지만, 사회학적으로 보면 대표로 간주됩니다. 이 두 사람은 이 소비사회적 시니시즘에 동조하기보다는 그것을 내부에서부터 뚫고 나오려고 했는데 결과적으로는 오히려 소비사회적 시니시즘을 촉진해 버렸습니다.

한 사람은 아사다 아키라浅田彰 씨입니다. 아사다 씨는『구조와 힘構造と力』이라는 책을 80년대 초반(1983)에 출간했습니다. 이 『구조와 힘』은 아시다시피 교과서와 같은 체재를 띠고 있습니다. 본인도 '이것은 차트식 참고서다'라고 이야기한 바 있습니다. 사상이나 지知, 학學이라는 것, 그 자체를 일종의 소비사회 속에서 소비하는 기호적 차이로서 취급하는 것입니다. 즉 사상을 소비의 대상으로 다루어 보는 것입니다. 아마 아사다 씨는 원래 지知를 이런 식으로 소비하는 것을 통해 이러한 소비 자체가 바보스럽게 간주되어 결국 이런 방식을 역설적으로 종결시키는 것을 목표로 했을지도 모릅니다. 그러나 결과는 오히려 이러한 사상이나 지知의 소비 방식을 적극적으로 모방하는 사람들을 다수 양산해 냈습니다.

당시 아사다 씨처럼 조금은 가벼운 형태로 지知에 새로운 바람을 불러일으킨 젊은 학자를 '뉴 아카'라 불렀습니다. 뉴 아카데미즘의 줄임말입니다. 뉴 아카라고 불린 사람은 접어두더라도 비참한 것은 뉴 아카에게 배운 사람들입니다. 즉 아사다 씨가 끝내려고 했던 것을 성실히 학습하고 그대로 답습해 버린 사람들. 아마 아사다 아키라를 당시 대학에 막 들어가서 혹은 고등학생 무렵 읽은 사람들은 '뉴 아카처럼 되고 싶다'고 생각했기 때문에 비참해지는 것입니다. 이들 중에는 지금 대략 30세 전후의 사람이 많습니다. 여하튼 결과적으로 종식시키려 했던 것, 즉 소비사회적으로 지知나 학學이나 사상이라는 것을 소비하는 스타일을 오히려 적극적으로 촉진하게 된 것이『구조와 힘』이라는 책입니다.

범용의 유혹

그리고 또 한 사람의 전형적인 인물이 하스미 시게히코蓮實重彥입니다. 하스미 씨는『범용적인 예술가의초상凡庸な芸術家の肖像』(1988)이라는 책을 썼습니다. 여기에서 그는 정말로 범용한 예술가 맥심듀캉에 대해 쓰고 있습니다. 범용한 예술가인 탓에 물론 그렇게 잘 알려져 있지는 않습니다. 이 책의 내용은『현대사상現代思想』에 오랫동안 연재되었는데, 제 친구는 논문의 타이틀을 처음 보고 맥심듀캉을 잘 몰라서 "맥심듀캉이 마르셀 듀샹을 말하는 건가? 어느 나라 말로 읽으면 맥심듀캉이 되는 건가?"라고 생각했다고 말했는데(웃음), 그런 것이 아니고 실제로 그런 이름의 사람이 있습니다. 플로베르와 동시대의 사람으로 정말로 범용한 예술가였습니다. 그러나 맥심듀캉이라는 사람은 그가 살았던 시대, 즉 프랑스의 19세기 중반에는 꽤 유명한 사람이었습니다. 그러나 오늘날에는 거의 잊혀진 사람입니다. 일본에서는 하스미 시게히코 덕분에 약간 알려지게 되었는데 프랑스에서조차 지금은 생소한 편입니다. 그래서 지금은 프랑스보다도 일본에서 유명한데, 무엇보다도 범용함으로 유명한 예술가가 되었습니다. 플로베르는 물론 누구나 알고 있습니다만.

거기에서 그는 맥심듀캉에 대해 논하면서 플로베르의 어떤 역설적인 시도,『틀에 박힌 사전』에 대해 언급합니다. 『틀에 박힌 사전』이란 요약하면 단어에 관한 철저하게 틀에 박힌 형태의 정의를 모은 것입니다. 얼핏 보면 센스가 있는 듯한 인상을 받지만 사실은 누구

라도 말할 수 있는 단어를 여러 가지 들고 있습니다. 예를 들어 현재
『현대사상』을 2개월에 1번 정도 읽는 사람이라면 뭔가 작은 것을 발
견했을 때 무심코 "그것은 라캉의 대상a야[54]"라고 훌륭한 듯이 말
하는 것과 비슷합니다. 이렇게 뭔가 조금 어려운 것 같으면서도 조
금은 심오한 듯한 것을 말하는 분위기가 있지만, 사실은 그런 종류
의 집단 안에서 누구라도 무심코 말해버리는 것, 그것이 틀에 박힌
사전입니다. 거기에는 어떤 본질적인 발견은 없고, 다만 같은 집단
에 속해 있는 누구나 말할 수 있는 것을 실제로 말해버림으로써 로
컬한 공동성을 서로 확인하는 것입니다.

플로베르는『틀에 박힌 사전』이라는 이상한 서적을 남겼습니다.
『틀에 박힌 사전』이란 이를테면 소비사회에서 차이 추구의 패러디
와 같습니다. 소비사회에서는 모두가 차이를 추구합니다. 하지만
그것은 상대적인 차이밖에 없기 때문에 결과적으로는 어떤 종류의
동일성 안에서 회수되어 갑니다. 진정한 놀라움이 아니고, 약간 놀
라게 하는 것이며, 사실은 안심하고 있습니다. 익숙한 예로 오타쿠
의 집단 안에서 오타쿠들이 애니메이션과 같은 특정 주제를 둘러싸
고 미묘한 최소 한계의 차이를 서로 다투고 있는 것과 비슷합니다.

---

54) 라캉의 대상a : 프랑스의 정신분석가 라캉이 주장한 '충동의 원인으로서의 대상'의 개념을
의미하는 말이다. 다시 말하면, 라캉은 우리의 성적 충동(Pulsion)이란 통일적인 하나를
이루지 않는 부분적인 여러 개의 충동들이라고 주장한다. "심리적 실재에 나타난 것으로
서의 충동은 부분적 충동들이다"라고 그는 말한다. 각각의 부분적 충동은 그 각각에 고유
한 대상들을 추구하는데, 부분적 충동에 대응하는 이 부분적 대상들을 일컬어 바로 대상 a
라고 한다. 라캉이 소개하는 바에 의하면 우리에겐 네 가지 부분적 충동이 있는데, 시각적
충동, 후각적 충동, 입의 충동 그리고 청각적 충동이 그것이다. 눈초리 · 배설물 · 젖가슴 ·
목소리는 이들 각각의 충동이 추구하는 대상 a이다.

그러한 소비사회적인 차이에 관한 게임의 패러디입니다.

이러한 범용을 그리는 것을 통해 플로베르와 하스미 씨는 그것을 초월한, 상대적인 차이로는 해소될 수 없는 절대적인 차이라는 것을 역설적으로 부상시키려 했습니다. 즉 범용을 철저하게 모방하여 범용의 범용성을 부각시켜 거꾸로 범용의 틀에 회수되지 않는 절대적 차이를 역설적으로 드러내려 했습니다. 이러한 절대적 차이를 제시하는 태도를 하스미 씨는 우둔하다고 말합니다. 즉 범용에 대치된 것은 천재가 아니라 우둔입니다.

그러나 이 경우도 아사다 씨와 마찬가지의 결과를 낳았습니다. 즉 우둔한 사람이 아니라 범용한 사람을 많이 배출했습니다. 하스미 씨의 사고를 축소재생산적으로 재현하거나 그의 문체를 모방하는 범용한 사람을 대량으로 배출한 것입니다. '우둔'의 중요성을 설파하는, 어중간하게 현명하고 범용한 사람이 많이 양산된 것입니다. 결국 원래 그만두게 하려고 한 것을 대량으로 배출한 것입니다.

소비사회적 시니시즘은 그때까지의 사상을 지탱했던 요점이 되는 실체를 서로 상대적 차이를 제시하는 게임이나 유희 안으로 환원해 버리는 것입니다. 아사다 씨도, 하스미 씨도 이러한 것을 종식시키려 했습니다. 예를 들면, 하스미 씨는 범용(소비사회적 시니시즘)에 우둔을 대치시켰습니다. 이때 중요한 것은 범용이 천재에 의해 부정되는 것이 아니라는 것입니다. 천재를 상정하는 것은 상대적인 차이의 유희에 비해 무언가 실체를 제외하는 것이므로 반동적입니다. 상대적 차이의 게임은 차이를 추구하는 것처럼 보이지만, 사실은 차이를 그 내부에서 상대화할 수 있는, 실체의 동일성을 목표로 합니다. 그러므로 대치되어야만 하는 것은 상대화할 수 없는 차이, 즉 우둔해야만 합니다. 그러나 거듭 말하지만 하스미 씨의 영향으로 나온 것은 주로 범용한 사람들이었습니다.

디컨스트럭션deconstruction

그렇다면 이 소비사회적 시니시즘의 핵심은 도대체 무엇일까요? 혹은 그 소비사회적 시니시즘을 사상적으로 가장 높은 지점에서 평가하면서 그 가능성을 가장 긍정적인 형태로 대표하려 한 것이 있다면 그것은 무엇이 될까요? 그것은 데리다의 '디컨스트럭션'사상입니다.

제가 데리다에 대해서 이야기하려는 이유는 여러분도 아시다시피 일본의 현대사상은 서양의 사상과 긴밀하게 연동되어 있기 때문입니다. 그래서 일본의 사상과 서양의 사상을 나누어 논하는 것은 이제는 그다지 의미가 없습니다. 즉 일본의 사상도 어떤 의미에서는 서양의 사상입니다.

저는 데리다가 하이데거에 관해 논한 글을 소개하려고 하는데, 그것에 앞서 잠시 이런 것을 생각해 보았으면 합니다. 일본의 전후와 전전은 대체로 60년 정도의 시간 폭을 가지고 평행한 과정을 보여주고 있습니다. 제가 '근대의 초극'이라는 쇼와 초기의 사상과 교토 학파의 이야기를 했던 이유는 1930년대부터 60년의 폭을 잡으면 1990년대가 되기 때문입니다. 즉 1930년대를 보면 현대를 알 수 있습니다. 그러한 구조가 어딘가에 있습니다. 어쩌면 쇼와 초기 일본의 사상은 지금의 용어로 이야기한다면 포스트모더니즘입니다.

이 경우 지금은 쇼와 초기에 해당하니까 일본의 전전 파시즘기가 되는데, 파시즘화라는 것은 딱히 일본에만 국한되어 일어난 상황은 아닙니다. 같은 시기에 이탈리아나 독일뿐만이 아니라 유럽에서도 파시즘을 볼 수 있습니다. 즉 유럽 전역이 파시즘화됩니다. 이러한 시대적 현상과 공명하면서 일본의 파시즘이 나왔습니다. 이것은 전전과 전후의 평행성이 실은 일본뿐만이 아니라 조금 거칠게 말하면 −60년이라는 시간 폭에 그다지 구애받지 않고 사건의 형식적인 배치만 주목한다면−어느 정도는 서구사회에도 들어맞는다는 것을 시사합니다.

이 대응관계는 사상의 레벨에서는 현대(프랑스)의 사상이 하이데거의 농후한 영향 속에서 전개되었다는 사실에서 우선 나타납니다. 데리다 또한 하이데거의 영향 하에 그 사상을 연마했습니다. 그렇기 때문에 데리다의 하이데거론을 다루는 것입니다. 다만, 이런 식으로 보고 싶습니다. 즉 데리다가 비추어낸 하이데거를 거울로 해, 거기에서 역으로 데리다적인 사상이 도달한 운명을 비추는 것. 이것이 목표입니다.

계몽된 허위의식

그전에 언급해 둘 것이 있습니다. 80년대의 논조를 시니시즘이라는 말로 표현한 것에는 의도가 있습니다. 독일의 젊은 사상가—젊다고 해도 전공투세대 정도지만—페터 슬로터다이크Peter Sloterdijk[55]라는 사람이 있는데『시니컬 이성비판』이라는 책을 저술했습니다. 주로 독일의 바이마르 시기에 대해서 논한 것입니다. 바이마르기란 독일의 전시 기간을 뜻합니다. 이 시기는 표면적으로는 상당히—당시 다른 어느 나라보다도 철저하게—민주적인 정치체재가 확립되었지만 동시에 나치즘이 출현하게 된 온상이 된 시기이기도 합니다. 슬로터나이크는 바이마르기의 정신, 바이마르의 사소를 시니시즘 혹은 시니컬 이성으로 특징짓고 있습니다. 그리고 이러한 시니시즘 가운데서 히틀러도 나올 수 있었다고 시사하고 있습니다.

그 시니시즘 혹은 시니컬 이성이란 어떤 것일까요? 슬로터다이크는 4가지의 허위의식에 관해 이야기합니다. 4가지란 거짓말, 미망, 이데올로기, 시니시즘입니다. 거짓말과 미망은 단순한 것으로, 시니시즘의 특징은 고전적인 이데올로기와 대조시켜 보면 알기 쉽습니다.

이데올로기는 허위이지만 진실로 간주되는 허위입니다. 단, 거기에는 원인이 있습니다. 즉 이데올로기의 담당자의 사회구조상의 위치, 계급적인 위치로 인해 그것이 진실로 여겨지게 됩니다. 이데올로기를 비판할 때에는 그 허위성을 폭로하고 그것이 당사자에게는

---

55) 페터 슬로터다이크 : 1947~. 포스트휴머니즘의 주창자. 1999년 국제학술심포지엄에서 「인간농장을 위한 규칙」이라는 논문으로 유럽 지성계에 충격을 안겨줬다. 이성과 문자에 기초해 인간성을 동물성과 구분해왔던 기존의 시도는 인간중심주의를 벗어날 수 없다고 주장하며, 고대의 견유주의와 오늘날 유전공학의 조화를 통해 인간과 동물의 권리가 서로 보호되는 길을 추구하자고 역설하였다.

진실로 보이는 사회적인 원인을 보여주는 것으로 충분합니다. 즉 고전적인 이데올로기까지의 세 가지 허위의식에 대해서는 계몽의 전략에 입각한 비판이 유효합니다.

이에 대해 시니시즘은, 말하자면 한 단계 진전된 이데올로기입니다. 메타적인 시점의 이데올로기라고 할 수 있습니다. 시니시즘은 자기 자신의 허위성을 자각한 허위의식입니다. 계몽된 허위의식이라고 해도 좋습니다. 이는 "그런 것이 거짓이라는 것을 알고 있지만 일부러 이러고 있는 거야"와 같은 태도를 취합니다. 이러한 태도에 계몽의 전략에 입각한 비판은 효과가 없습니다. 계몽하려 해도 처음부터 허위라는 것을 알고 있기 때문에 의미가 없는 것입니다. 딱히 진실이라고 생각하고 믿고 있는 것은 아닙니다. 거짓이라는 것을 알면서도 그렇게 하고 있는 것입니다. 이것이 슬로터다이크가 말하는 시니시즘입니다.

이러한 것이 뭔가 조금은 이상하다고 생각될지도 모르지만 잘 보면 우리들 세계에 이 시니시즘은 만연해 있습니다. 전형적인 예로 광고, 특히 상업광고가 그렇습니다. 상품의 광고, 히트하는 광고는 대체로 장난을 치고 있습니다. 즉 '이런 것은 거짓이다'라고 쓰여 있는 셈입니다. 그러나 광고는 일정의 효과를 올립니다. 즉 거짓이라는 것을 내보내는 사람은 물론 받아들이는 쪽도 알고 있음에도 불구하고 그것이 마치 진실인 듯한 행동을 환기시킵니다.

소비사회는 생각해 보면 광고의 시대입니다. 1980년대는 상품보다 광고 쪽이 위대했습니다. 버블경제가 무너진 뒤에는 달라졌지만 버블시대는 그러한 시대였습니다. 광고는 말하자면 '이런 것은 거짓이다'라고 말하면서 설득하고 있는 것과 같습니다. 이러한 것이 시니컬 이성입니다.

생각해 보면 바이마르기가 그러한 정신에 놓여 있었다는 것에는 납득할 만한 부분이 있습니다. 예를 들면 히틀러가 구술필기시킨 『나의 투쟁わが鬪爭』이라는 유명한 텍스트가 있습니다. 이『나의 투쟁』에는 어떻게 해서 대중을 속일까 하는 내용이 모두 적혀 있습니다. 이런 내용이 모두에게 읽히고 있었습니다. 이른바 속임수 테크닉을 처음부터 모두에게 공표하고 있는 것입니다. 그래도 히틀러의 방법은 효과가 있었습니다. 즉 대중은 단순하게 속고 있었다고는 할 수 없습니다. 속는다는 말은 정확하지 않습니다. 거짓이라는 것을 사실은 알고 있으면서도 받아들이는 것입니다. 이것이 시니컬이라는 것입니다.

『시니컬 이성비판』을 보면 1930년대 독일의 정신적 상황과 현재의 포스트모더니즘 상황이 상당히 닮아 있다는 것을 쉽게 알 수 있습니다. 실제로 슬로터다이크도 독일의 1970년대 이후가 바이마르기와 유사한 정신 상황에 있다는 문제의식에서 이 책을 집필하고 있습니다.

하이데거의 '정신'

그런데 여기에 제가 목표로 하는 것은 풍속의 레벨이 아니라, 사상의 가능성이라는 레벨에서 볼 경우 무엇이 보이는가라는 문제를 데리다의 하이데거 비판을 참고로 생각해 보는 것입니다.

데리다는 도처에서 하이데거에 대해 쓰고 있습니다. 그중에서도 비교적 잘 알려진 것으로서 『정신에 대해서』라는 논문이 있습니다. 이것은 데리다의 하이데거론인데, 만일 하이데거를 조금이라도 공부했다면 대단히 의외이고, 어떤 의미에서는 정말로 의표를 찌른 하이데거론이라는 느낌을 갖게 합니다. 이 논문은 하이데거의 텍스트 중에서 '정신', 독일어로 하면 'Geist'라는 말의 형용사형을 연대순으로 쫓아간 것입니다. 『존재와 시간』이 쓰인 1927년부터 전후까지의 시기를 쫓아 이 Geist라는 말이 어떤 식으로 사용되었는지 살펴보고 있는 것입니다.

이것이 대단히 의외인 이유는 하이데거에게 '정신'이라는 용어는 전혀 핵심적인 말이 아니기 때문입니다. '현존재'나 '배려'와 같은 중심적인 개념이 아닙니다. 애초에 『존재와 시간』에서는 이 말을 사용하지 말아야 한다고까지 선언하며 의도적으로 회피하고 있습니다.

그렇다면 왜 이 말을 다루는 것에 의미가 있는 것일까요? 하이데거라는 인물은 나치즘에 가담했다는 혐의를 받고 있습니다. 그것이 어느 정도 적극적이었는가를 둘러싸고 의견이 분분하지만 설사 그것이 소극적인 것이었다고 하더라도 어떤 시기에는 확실히 나치즘에 가담했습니다. 20세기 유럽에서 가장 위대하다고 일컬어지는 철학자가 나치에 가담했다는 것 자체가 대단한 스캔들입니다. 하이데거의 나치즘 가담을 가장 명확하게 전달하고 있는 것은 그가 나치 정권 하에서 대학의 학장이 됐을 때 한 '독일대학의 자기주장'이라는 유명한 연설(1933)입니다. 여기서 그는 아무리 봐도 나치를 지지한다고밖에 생각할 수 없는 말을 하고 있습니다. 이때 나치에 대한 지지를 표명하면서 사용한 핵심적인 말이 Geist입니다. 그러므로 이 Geist라는 말을 추적한다는 것은 나치와 하이데거의 관계를 생각할 때 상당한 참고가 됩니다.

여기서는 대략적으로 데리다의 논의를 소개하겠습니다. 데리다는 하이데거의 1927년부터 1953년까지의 기간을 3단계로 나누고 있습니다. 첫 단계, 즉 『존재와 시간』의 단계는 의도적으로 회피되었던 '정신'이 서서히 중요성을 띠면서 등장하고 전면으로 드러나는 과정입니다. '학장취임연설'은 제2단계에 해당합니다.

인간과 유럽과 독일

제2단계는 전에는 회피되었던 '정신'이 무대의 전면으로 나와 상당히 중요한 역할을 수행한 시기에 해당합니다. 학장취임연설에서는 일찍이 회피해야 한다고 했던 '정신'이라는 용어에 대해 '존재의 본질을 향한 결의'라는 훌륭한 정의를 부여하고 있습니다. 이 시기의 중요한 텍스트로서는 1935년에 출간된 『형이상학입문』이 있습니다.

『형이상학입문』에서 정신이라는 용어는 일견 모순된 2가지 장면에서 사용되고 있습니다. 우선 정신이라는 용어를 동물과 인간을 구별하는 기준으로 제시하고 있습니다. 즉 하이데거에 의하면 동물은 이를테면 세계를 갖지 않습니다. 세계라는 것은 아주 정신적인 것입니다. 그것은 세계—안—존재로서의 인간에게만 있습니다. 정신적인 것으로서 세계를 갖는 것은 인간뿐이라는 것입니다. 요컨대 '정신'은 인간을 정의하는 조건입니다.

그러나 이것과 모순되어 보이는 용법이 있습니다. 데리다는 이 용법을 2가지로 나누어 설명하고 있는데 양자는 관계가 깊기 때문에 하나의 묶음으로 보고자 합니다. 하이데거는 정신의 몰락과 유럽의 몰락을 하나로 묶어서 이야기합니다. 또한 정신성을 특권적으로 표현할 수 있는 것은 독일어—혹은 독일어와 그리스어—라고 말합니다. 요약하면 정신은 유럽이나 독일을 특징짓는 것이자 동시에 이 지역의 고유한 것으로 논하고 있습니다.

정신은 한편으로는 인간이라는 유類를 보편적으로 정의하는 조건입니다. 그러나 다른 한편으로 정신을 유럽 혹은 중앙유럽의 특수한 문화나 언어에 고유하게 속하는 성질로 간주되고 있습니다. 정신을 매개항으로 인간이라는 보편성과 유럽이나 독일이라는 문화의 지역적인 특수성이라는, 다른 수준의 두 가지가 연결되고 있는 것입니다.

정신의 불꽃

데리다가 하이데거의 제3단계로서 취급한 것은 전후에 쓰인 텍스트로서 주로 강의록입니다. 전후가 되면 하이데거는 시인의 언어에 대해서 여러 가지 분석을 합니다. 여기에서 다루는 것은 두 가지입니다. 하나는 1942년에 횔더린에 대해서 논한 강의이며, 다른 하나는 그것보다 한참 이후인 53년에 출간된 트라클Georg Trakl에 관한 강의입니다. 이 두 텍스트에서 '정신'이라는 용어가 종횡무진 사용됩니다.

횔더린은 정신에 대해서 이런 식으로 쓰고 있다고 합니다. '정신은 처음에는 자신의 것이 아니다.' 이 표현에서 이미지의 원형이 되는 것은 간단히 말하면 식민지 체험입니다. '정신이라는 것은 조국을 위해 희생한다, 정신은 식민지를 사랑하고 용감한 망각을 사랑한다'는 표현도 있습니다. 정신을 식민지화와 연결시켜 이해하고 있는 것입니다. 즉 정신은 말하자면 조국 밖으로 나갔다가 다시 조국으로 귀환하는 운동성입니다. 정신은 조국의 밖으로 나가는 것이며 식민지를 사랑하는, 그리고서 고향인 조국으로 되돌아오는 것입니다. 횔더린은 밖으로 유랑하고 그리고 돌아오는 이러한 과정의 관계를 정신이라고 표현하고 있습니다. 이것을 하이데거는 중시하고 있습니다.

식민지화라는 것은 자본의 제국주의적 운동의 결과입니다. 그렇다면 지금 서술한 '정신'의 운동성은 '자본'의 메커니즘과 평행하고 있다는 것이 암시되고 있습니다.

그러나 보다 중요한 것은 이 최후의 단계에서 트라클에 대해 쓴 문장 속에서 '정신'이 어떻게 논해지고 있는가입니다. 여기에서 정신은 어떤 구체적인 이미지를 통해 이야기됩니다. 그 이미지란 바로 불꽃입니다. 정신의 이미지는 불꽃입니다. 불꽃이라는 것은 잡을 수 없는 기체와 같은 것으로, '정신'에 가까운 말을 사용하면 '영기靈気' 혹은 '기気'와 같은 것이 되겠지요. 물론 하이데거는 그것을 트라클의 말에서 가져왔지만 이 부분을 상당히 중시하고 있습니다. 하이데거는 이렇게 불꽃이나 기체로서의 정신이라는 이미지에 최종적으로 도달하고 있습니다.

정신은 불꽃이기 때문에 모두 다 태워버립니다. 즉 그것은 자신에게 머물 수 없고, 자기가 자신인 것을 전부 부정해 버립니다. 그러므로 하이데거는 정신은 '자기—밖—존재das AuBer—sich'라고 논합니다. 자기를 다 태워버리는 정신은 자기가 자기 자신에 대해서 외재外在하고 있는 셈입니다.

정신이라는 불꽃은 최후에 '하얀 재'만을 남깁니다. '하얀 재'는 '악'의 이미지입니다. 정신은 '선'이 아니고 '악'에 의해서 정의되는 것입니다.

자기—밖—존재

데리다는 이런 식으로 하이데거가 말하는 '정신'의 흔적을 쫓아갑니다. 이때 데리다의 의도는 무엇일까요? 개략적으로 이야기하면 이렇습니다. 하이데거는 처음에 'Geist'라는 말을 신중하게 회피했지만 어느 순간부터 이 용어가 다시 그의 텍스트 속으로 잠입하게 됩니다. 이렇게 회귀한 '정신'은 형이상학적인 인간주의, 인간중심주의, 게르만 중심주의에 위협받았으며, 하이데거의 사색은 그러한 형이상학에서 결코 자유롭지 않았다는 것을 데리다는 보여주고 있습니다.

그러나 우리는 이런 식으로 정리해 버릴 수는 없습니다. 이렇게 총괄해버리면 중요한 부분이 보이지 않게 됩니다. 하이데거의 도달점은 정신이란 자기—밖—존재라는 것입니다. 일반적으로 정신이란 동일성을 담당하는 실체로서 생각할 수 있습니다. 그러나 하이데거에게는 그렇지 않았습니다. 자기—밖—존재로서의 정신은 자기 사신으로부터 빗겨나 외재하는 것, 즉 자기가 자기라는 동일성을 갖지 않는 순수한 차이인 것입니다.

그러므로 하이데거의 정신은 오히려 데리다적입니다. 형이상학적인 동일성에 의해서가 아니라 그러한 동일성에서 벗어난 차이(또는 이렇게 말해도 좋다면 '차연差延')에 의해서만 정의되기 때문입니다. 순수한 차이성이라는 것은 실천적으로는 절대적인 '악'입니다. 존재의 언어로 말한다면 동일성에 대해 차이성을, 실천의 언어로 말한다면 선에 대해 악을 우월한 것으로 간주합니다. 이렇게 본다면 하이데거의 '정신'은 데리다가 말하는 탈구축(해체)의 과정 그 자체라고 할 수 있습니다. 그렇다면 데리다에 의해 비판적으로 독해된 하이데거로부터 오히려 데리다적인 '정신'의 행방을 암시적으로 읽어낼 수 있지는 않을까요? 물론 어딘가 궁극적 지점에서 두 가지의 갈림길이 있을지도 모른다는 유보 속에 저는 이렇게 생각해보고 싶습니다.

4.
가스에 대해서

아우슈비츠의 가스

데리다는 이러한 하이데거의 정신 개념을 쫓아가면서 그것을 어떤 장소로 귀결시킵니다. 그 장소란 어디일까요? 하이데거의 '정신'은 불꽃과 가스라고 데리다는 말합니다. 이 경우 데리다의 머릿속에는 매우 구체적이고 즉물적인 이미지가 있을 것입니다. 그것은 아우슈비츠에서 사용된 가스입니다. 예를 들어 『정신에 대해서』중에는 이러한 표현이 있습니다. "Geist, 즉 가스 기체는 부패해 가는 죽은 자들의 위에 다시 현전합니다." 가스로서의 정신을 아우슈비츠의 홀로코스트에서 사용된 독가스의 이미지와 일부러 중첩시키고 있는 것입니다.

저는 이러한 방식을 단순히 악의에 찬 수사학의 문제로 치부해서는 안 된다고 생각합니다. 하이데거의 'Geist'라는 단어가 불꽃이나

가스와 같은 의미를 가진다고 할 때, 그것을 단순한 언어유희로서 "그것은 아우슈비츠의 녹가스를 상기시킨다"라고 말할 것이 아니라 거기에는 좀 더 본질적인 철학적 의미가 있다고 생각할 필요가 있습니다. 왜냐하면 우리들은 이렇게 말할 자격이 있기 때문입니다. 우리들은 이미 가스에 대한 어떤 매우 독특한 집착과 가스가 형이상학적인 의미를 띠고 나타난다는 현상을 이미 봐 왔기 때문입니다. 이 경우의 가스는 사린가스입니다.

사린

'우리들은 이미 봤다'고 말했지만 저는 옴진리교에 대해 쓴 책 속에서 이 문제를 상당히 진지하게 다뤘습니다. 그때까지 대부분의 사람들은 옴진리교가 사린가스를 사용한 것에 대해 우연히 싸게 들여와 그들이 만들 수 있었던 단순한 도구로만 생각했습니다. 하지만 저는 몇 가지의 논거 위에서 사린가스는 옴진리교의 종교적 근간을 구현하고 있다고 생각합니다.

제가 사린가스를 언급한 이유는 이야기를 일본으로 되돌리기 위해서입니다. 'Geist는 실은 가스였다. 이것은 아우슈비츠의 독가스다'와 같은 말에서 우리들은 바로 옴진리교의 사린가스를 상기하게 됩니다. 결론적으로 말한다면 이 두 가지 사이에는 등가관계가 있습니다. 이것을 이야기하기 위해서 옴진리교에게 사린가스란 무엇이었는가를 생각해 보려 합니다.

1995년의 일을 떠올려 봤으면 합니다. 그때 옴진리교는 지하철에 사린가스를 살포했는데, 우리들이 갖고 있는 옴진리교에 대한 공포는 바로 사린가스에 대한 공포로 집약될 수 있을 것입니다. 그러나 잘 생각해 보면 사린가스를 두려워했던 것은 우리만이 아니었습니다. 오히려 옴진리교야말로 사린가스를 가장 두려워했습니다. 예를 들어 교단 측의 설명에 따르면, 그들은 사린이나 VX 등과 같은 독가스에 의해 계속적으로 공격을 받았으며, 또한 누군가가 교단의 시설에 잠입하여 내부에서 사린을 살포했다고 말합니다. 이것은 단순히 변명을 위한 거짓말이 아닙니다. 거기에는 그들이 정말로 믿고 있는 것처럼 보이는 부분도 있습니다. 이러한 믿음은 앞서 언급한 시니컬한 믿음과 닮아서 조금은 미묘한 점이 있긴 하지만, 어떤 종류의 진실을 담고 있습니다. 아시는 바와 같이 옴교단의 시설은 어디에나 큰 공기청정기를 설치해 두었습니다. 이는 독가스로부터 몸을 지키기 위해서입니다.

사린은 무엇입니까? 사린의 공포는 예를 들면 냉전 하에서 외부에서 날아온 핵병기의 공포와는 상당히 질이 다릅니다. 즉 핵병기는 외부로부터 옵니다. 그리고 그 외부는 바로 특정할 수 있습니다. 외부로 규정할 수 있는 어떤 밖에서 날아오는 것입니다. 그러나 사린은 어디라고 특정 지을 수 없는 곳에서 날아듭니다. 게다가 그 발생 지점은 바로 근처에 있습니다. 그리고 알아차렸을 때에는 이미 신체 속에 침입한 상태여서 그 사람은 곧 죽음에 이릅니다. 바깥쪽에 바로 특정할 수 있는 적과 바로 근처에 있으면서도 특정할 수 없는, 어느 틈엔가 내부로 들어와 버리는 적. 이것이 핵병기와 사린의 차이입니다. 사린은 적이 되는 타자가 상당히 가까이에 있다는 것 그리고 자기 신체를 순식간에 채워버릴 정도로 가까이에 있다는 것을 상징하고 있습니다.

또 한 가지 주목할 점은 옴진리교가 사린이라는 무기에 비합리적일 정도로 집착했다는 사실입니다. 즉 사린이 무기로서 얼마나 유효한가를 생각해 보면, 그것은 상당히 위험한 물질입니다. 따라서 그렇게 위험한 사린을 굳이 사용한다는 의미를 생각해 보면, 옴진리교에게 사린에의 집착은 단순한 무기로서의 유효성과는 다른 차원의 것이 존재한다고 생각하지 않을 수 없습니다. 결론적으로 옴진리교는 사린을 두려워하면서 다른 한편으로는 사랑하고 있습니다. 사린은 옴진리교에게 적인 동시에 아군입니다. 즉 자신들의 유효한 무기인 동시에 자신들의 적이기도 한 것입니다. 그러한 양의성이 있습니다.

이렇게 생각할 때 떠오르는 것이 있습니다. 바로 미야자키 하야오宮崎駿 감독의 〈바람의 계곡 나우시카風の谷のナウシカー이하, 〈나우시카〉〉라는 애니메이션입니다. 보신 분은 아시겠지만 여기에서는 바람의 계곡을 비롯한 공동체의 주변부에 독가스가 가득합니다. 이것은 옴진리교와 유사한 세계관입니다. 그렇지만 그 '바람의 계곡'이라는 말에서 알 수 있듯이 바람은 상당히 긍정적인 이미지로 표현되고 있습니다. 그렇지만 바람과 독가스는 거의 같은 것입니다. 즉 같은 '기체(가스)'가 바람과 독가스로 분해되어 있습니다. 이것을 한 몸으로 상징하고 있는 것이 주인공인 소녀 나우시카이고, 다른 하나는 놀랍게도 '옴(왕벌레)'이라는 이름의 벌레입니다. 이 옴은 선

하면서도 악합니다. 인간을 습격하지만 실은 숲의 수호신이기도 합니다. 이 애니메이션에서 숲은 실은 독가스를 정화시키는 작용을 하고 있는 거대한 '공기청정기'입니다.

그렇다면 사린에 옴의 종교성이 깊게 연결되어 있다는 저의 직관이 결코 터무니없는 것은 아닙니다. 그러면 어떠한 형태로 그들의 종교성과 사린이 연결되어 있었던 것일까요? 사린은 옴진리교 사람들이 획득하려 했던 신체와 깊은 관련이 있다는 것이 저의 가설입니다.

이탈하는 신체

이 가설을 설명하면 다음과 같습니다. 지금 저는 〈나우시카〉와 옴진리교의 어떤 평행관계를 언급했는데, 〈나우시카〉만이 아니라 미야자키 애니메이션의 대다수 작품에서 공통으로 볼 수 있는 것은 공중에 뜬다는 모티브입니다. 즉 미야자키의 애니메이션에는 바람을 타고 난다는 것에 대한 강한 동경이 나타나 있습니다. 이것 또한 옴진리교와 닮았습니다. 아시다시피 옴진리교에서 초능력의 기초는 공중부양입니다. 즉 뜨는 것에 대한 집착, 뜨는 것에 대한 강한 욕망, 이것이 옴진리교의 초능력을 향한 욕망의 밑바탕을 이룹니다.

뜬다는 것은 무엇인가요? 이것이 극복하려는 것은 신체가 여기에 있다는 사실입니다. 신체는 물질성을 갖추고 있습니다. 그러므로 반드시 세계 어딘가의 특정한 지점에, 여기 혹은 지금이라는 지점에 놓여 있습니다. 여러분은 거기에 있고, 저는 여기에 있습니다. 신체가 여기에 있다는 신체의 숙명적인 리얼리티를 극복하고 싶다는 것이 공중부양을 동경하는 원초적인 욕망입니다. 이러한 욕망을 가장 초보적인 수준에서 달성한다면 공중부양이 됩니다. 좀 더 수준을 높이면 유체이탈이 됩니다. 왜냐하면 유체이탈이란 자신이 여기에 있으면서 저기로 가버리는 것이기 때문입니다. 그러나 유체이탈과 같은 것은 여전히 현실세계 속의 움직임일 뿐입니다. 신체의 가동범위를 모든 세계, 윤회의 세계, 요컨대 육도六道56) 전체로 확장하면 이러한 신체는 '변화신變化身'이라 불리게 됩니다. 변화신은 '여기'에 있으면서 세계 어디에도 있을 수 있습니다. 공중부양, 유체이탈, 변화신은 옴진리교가 차례로 고차원화해 가는 초능력의 계열입니다.

생각해 보면 하이데거의 정신은 자기─밖─존재였습니다. 자기─밖─존재는 '여기'에 있으면서 '밖'에 있는 것입니다. 이것은 옴진리교가 희구한 신체의 모습과 아주 유사합니다.

그럼 옴진리교는 '여기'라는 것의 구속으로부터 벗어난 신체를 어떻게 획득하려 했을까요? 이를 위해서는 수행이 필요합니다. 신체가 여기에 있는 것은 신체가 개체(개인)로서의 통합성을 갖고서

---

56) 육도 : 불교에서 깨달음을 얻지 못한 무지한 중생이 윤회전생(輪廻轉生)하게 되는 6가지 세계 또는 경계. 망자가 죽어서 가게 되는 곳 중에 가장 좋지 못한 곳인 삼악도(三惡道)는 지옥도(地獄道), 그 다음이 아귀도(餓鬼道), 축생도(畜生道)이며 삼선도(三善道)는 아수라도(阿修羅道) 또는 수라도, 인간도(人間道), 천상도(天上道)의 여섯 갈래로 갈라져 있다. 이것을 육도라고 한다.

여기에 자리를 잡고 있기 때문입니다. 그러므로 신체가 여기에 속박되어 있다는 리얼리티를 극복하기 위해서는 신체가 살아있다는 실감 위에 그 개체로서의 통합성을 해체하고, 그것을 세세하게 미분해버릴 필요가 있습니다. 신체를 점점 미분하면 이윽고 신체는 자기 자신을 유체나 기체와 같은 것 혹은 물질성을 갖지 않는 에너지의 파동과 같은 것으로서 실감하는 단계에 이르게 됩니다. 수행은 이러한 실감을 얻을 수 있는 수준까지 신체에 고통을 가하는 것입니다. 최후의 단계에 신체는 둔중한 보통의 물질이 아니라, 공기 속을 날아다니는 기체와 같은 것으로 실감되기에 이릅니다. 수행을 쌓아가면 실제로 이와 같은 실감을 얻을 수도 있다고 생각합니다. 이러한 에너지의 파동과 같은 신체를 옴진리교는 요가의 언어를 사용하여 쿤달리니Kundalini[57)라고 불렀습니다.

옴진리교가 지향한 신체는 요약하면 기체로서의 신체입니다. 그렇다면 하이데거의 정신과 옴진리교의 신체는 상당히 근접해 있다는 것을 느낄 수 있습니다.

수행에 의해 신체는 개체로서의 통합성, 자아로서의 통일성이란 감각을 완전히 상실합니다. 그것이 해탈이라는 것입니다. 해탈한다는 것은 자기−밖−존재와 같은 것입니다. 즉 여기에 있으면서 거기(밖)에 있는 상태입니다.

'여기에 있으면서 거기에 있다'는 것은 어떠한 것일까요? 보통의

---

57) 쿤달리니 : 쿤달리니는 몸 척추의 맨 밑쪽에 자리 잡고 있는 잠자는 잠재력을 일컫는다. 또한 쿤달리니는 인간의 무의식에 있는 영혼이나 리비도적인 에너지의 풍부한 원천으로 생각할 수도 있다.

자기의식에서 본다면 여기에 있는 것이야말로 자신인 것, 내가 나인 것의 궁극적인 근거입니다. 즉 나는 당신과 다르다, 나는(나만이) 여기에 있고, 당신은 그쪽 = 당신에 있다는 논리입니다. 그러나 '여기에 있으면서 거기에 있다'는 것은 여기에 있으면서 그쪽 = 당신에게 있다는 것, 즉 자신이면서 타자라는 것입니다. 즉 옴적 수행을 쌓으면 이념상으로 신체는 자기이면서 타자라는 실감을 얻게 됩니다. 이는 자기가 타자의 신체에 잠입하고 혹은 타자가 자기의 신체에 직접 몰입하여 자기와 타자가 직접적으로 공진共振하고 있는 상태라고 말해도 좋습니다. 이처럼 옴진리교가 희구했던 것은 자기의 신체와 타자의 신체 간의 상호내재의 감각이었습니다.

저는 이러한 자타관계를 '커뮤니케이션의 극한적인 직접성'이라는 말로 표현한 바 있습니다. 이는 어떤 매체도 필요 없이 타자에게 접속하는 커뮤니케이션입니다. 언어도 필요 없습니다. 즉 텔레파시입니다. 현재 옴진리교 사람들이 목표로 하고 있는 것은 이러한 커뮤니케이션입니다. 최고 수준의 초능력으로 간주되는 것은 대개 텔레파시의 일종입니다. 그럼 자신이면서 타자이고 혹은 타자이면서 자신이라고 할 때의 그 타자는 누구일까요? 그것은 말할 필요도 없이 우선 교주 아사하라 쇼코麻原彰晃58)입니다. 즉 아사하라가 자신의 신체에 직접 내재하는 것입니다. 이러한 관계 양상을 기법화한 것이 '샥티파트Shaktipat59)'입니다. 또 옴진리교가 말하는 '이니시

---

58) 아사하라 쇼코 : 1955~1977년부터 요가수련을 하여 1984년 옴진리교의 전신인 요가도장 '옴회'를 결성. 옴진리교가 일으킨 도쿄 지하철 사린가스 사건으로 2006년 사형판결을 받았으며, 현재 형집행 대기 중이다.

에이션'이란 샥티파트의 대리물로서 체계화된 일련의 기법을 말합니다.

이러한 고찰 위에서 저는 옴진리교가 사린가스에 대해 불합리할 정도로 집착했던 배경을 살펴보고 싶습니다. 저는 사린과 옴의 기체로서의 신체(쿤달리니)는 실은 같은 것이었다고 생각합니다. 같다는 것은 긍정적으로도 부정적으로도 나타납니다. 쿤달리니가 긍정적으로 나타난 것이라면, 부정적으로 나타난 것이 사린입니다. 그런데 앞서 옴진리교의 신체와 하이데거의 정신이 유비적인 관계라는 것을 말했는데, 만일 옴진리교의 신체가 사린이라면, 하이데거의 정신은 아우슈비츠의 독가스가 되는 것은 아닐까요? 따라서 데리다의 은유는 단순히 악의적인 유희로 치부할 수 없습니다. 거기에는 이론적인 의미가 있으며 무언가 우리들에게 시사하는 점이 있다고 생각합니다.

참된 자아 = 형이상학의 회귀

우선 옴진리교는 소비사회적 시니시즘이 철저화된 형태였다는 것을 말해두고 싶습니다. 옴진리교는 신체의 개체로서 아이덴티티를 해체하고 그것을 기체화해 간다고 말했습니다. 그것은 해탈을 의미합니다. 그리고 이것을 하이데거 식으로 말하면 자기-밖-존

---

59) 샥티파트 : '신의 에너지가 구도자에게 하강하는 것'이라는 의미의 산스크리트어.

재가 되는 것입니다. 그런데 개체의 아이덴티티는 무엇에 의해 보증되는 것일까요? 그것은 개체(개인)에 고유한 이해 관심 혹은 고유한 이상과 이념일 것입니다. 그러므로 자신의 아이덴티티를 이탈하기 위해서는 자신이 의지하거나 욕망했던 이해 관심과 이념, 이상, 가치라는 것을 상대화하고 이런 것에 대한 집착으로부터 벗어나야만 합니다.

이것이 바로 시니시즘입니다. 1980년대의 일본뿐만 아니라 포스트모더니즘을 석권한 시니시즘이라는 것은 이를테면 어떤 이념이나 가치든 그것을 차이의 목록 안에서 위치시켜 상대화할 수 있다는 태도를 취하는 것입니다. 따라서 옴진리교의 수행은 이러한 시니시즘을 극단으로까지 밀고 간 것이라 볼 수 있습니다. 덧붙여 이해 관심과 이념의 상대화란 그것이 '타인에게도 있을 수 있는 것'이라고 간주하는 시야의 획득을 의미하는 것이기 때문에 자신의 경험 가능영역을 보편화하는 것이라고도 할 수 있습니다.

상대화는 말하자면 자기를 타자화하는 것에 의해, 즉 자신을 자신으로서 만드는 자신의 의지를 타인에게 위임하는 것을 통해 이루어집니다. 그렇다면 자기를 위임받는 타자는 무엇일까요? 옴진리교의 경우 그것은 구체적으로는 아사하라이고, 이론적으로 말하면 아트만真我, ātman[60])이 됩니다. 옴진리교의 비극 혹은 옴진리교의 좌절은 바로 여기에 있습니다.

조금 더 구체적으로 설명하면 이렇습니다. 해탈을 위해서는 자신

---

60) 아트만 : 인도의 성전 베다(Veda)에서 '호흡·영(靈)·아(我)'의 뜻을 나타내는 말.

의 의지를 버려야만 합니다. 그렇다면 의지를 버리는 것은 어떻게 가능할까요? 타자의 의지에 따르기만 하면 됩니다. 순수하게 타자의 의지대로 움직이면 되는 것입니다. 이것이 수행 지도자로의 '귀의'라는 것입니다. 이렇게 하면 자신이 자신이라는 것의 근거가 되는 자신의 아이덴티티로부터 이탈할 수 있기 때문입니다. 그러나 이 경우 타자는 실체화되면서 절대화됩니다. 이렇게 해서 실체화된 타자가 바로 아트만입니다. 이는 아사하라라는 타자에 의해 현실화되어 있는 자아입니다. 해탈하기 위해서는 타자에 귀의해야만 합니다. 자기로부터 이탈하기 위해 타자가 동일한 실체로서 존재해야 합니다. 달리 말하면 자기로부터 벗어난 동일성(아이덴티티)을 타자 쪽에 축적해가는 것입니다. 그래서 동일성(아이덴티티)으로부터의 해방은 완전하게 이루어지지 않습니다. 오히려 자기의 동일성(아이덴티티)으로부터 해방되기 위해서는 또 다른 동일성(아이덴티티)으로의 집착과 절대화가 필요하게 됩니다. 자아가 해탈하기 위해서는 본체보다도 큰 자아, 즉 아트만이 필요하게 됩니다. 데리다 식으로 말하면 여기에서 형이상학이 회귀됩니다. 여기에 옴진리교의 실패의 원인이 있습니다.

생각해 보면 이 절대적인 귀의라는 것에 페터 슬로터다이크가 말한 시니시즘의 순수 형태가 있습니다. 시니시즘은 계몽된 허위의식이었습니다. 그것을 '나는 그런 것을 믿지 않는다, 믿지 않지만 그렇게 한다'는 태도입니다. 왜 믿지 않는데 그렇게 하는 것일까요? 왜 거짓인 줄 알면서 그렇게 하는 것일까요? 그것은 믿고 있는 타자가 존재하고 있기 때문입니다. 엄밀히 말하면 믿고 있는 타자를 상정하고 있기 때문입니다. 이러한 것이 순수한 형태로 나타나는 것은 지극히 자본주의적인 장소, 예를 들면 주식시장입니다. 내가 이런 주식은 하찮은 것이라 생각해도 그것을 욕심내는 타자가 있다면 그 주식을—마치 자기 자신이 갖고 싶어 하는 것과 같이—사는 것에 의미가 있습니다. 왜냐하면 이러한 주식은 가격이 올라가기 때문입니다. 시니시즘은 이와 같이 타자의 의지에 따라서 행동을 취하는 것입니다. 그러므로 의식에서는 계몽되어 있지만 행동에서는 계몽되시 않은 것과 같은 선택을 하는 것입니다.

정말 어려운 것은 자기에 대한 집착에서 벗어나는 것이 아닙니다. 타자로의 집착에서 벗어나는 것이 더 어렵습니다. 타자의 속박은 자신의 아이덴티티에 대한 집착보다도 더 강합니다.

'자본'이라고 하는 정신

앞서 하이데거의 정신이 식민지의 이미지와 연결되어 있다고 말했습니다. 요약하면 '정신'의 존재가 〈자본〉의 세계화 운동에 의해 은유적으로 표현되고 있다는 것입니다.

제2부에서 〈자본〉이라는 것을 경험가능영역을 보편화하는 역동성이라고 말했습니다. 이것을 특히 교토 학파의 철학과 관련하여 보편화의 역설 메커니즘에 대해 설명했습니다. 보편화가 어떤 극한까지 진행되면, 극단적인 보편성과 특수성이 같은 것이 되어 버린다는 단락短絡의 메커니즘입니다. 이와 같은 현상은 하이데거의 철

학에서도 일어나고 있다고 생각합니다. 앞서 데리다를 참고로 하여 하이데거의 '정신'이 인간이라고 하는 유적類的 보편성과 유럽 혹은 게르만이라는 문화적 특수성의 쌍방과 등치된다는 것을 지적했습니다. 여기에서 보게 되는 것은 교토 학파와 유사한 보편성과 특수성의 단락입니다.

하이데거의 정신이 갖고 있는 형이상학적인 구조는 〈자본〉에 의해 규정되는 것입니다. 나아가 하이데거만이 아니라 옴진리교에 대해서도 마찬가지 이야기를 할 수 있습니다. 〈자본〉이 갖고 있는 운동과의 관계에서 1980년대적인 사상의 한계와 곤란을 볼 수 있을지도 모르겠습니다.

5.
자유의 조건에 대한 탐구를 향해서

초월성의 부정

하이데거의 '정신'에서는 극단적인 보편성이 특수성과 단락되어 버립니다. 이는 제2부에서 설명했던 것처럼 보편적인 경험가능영역을 대표할 수 있는 초월성이 그러한 초월성의 부정을 구현하는 초월성이 된다는 전도의 메커니즘과 관련되어 있습니다.

아사하라로의 귀의는 철저한 시니시즘을 전제로 하고 있습니다. 이것을 이해하기 위해서는 다음과 같은 것을 생각하면 됩니다. 옴진리교 사건 때 모든 매스컴이 아사하라 쇼코는 속물이라고 선전했습니다. 이렇게 해서 아사하라를 숭배하는 사람들을 각성시키려 했습니다. 그러나 잠시 생각해 봅시다. 어떻게 아사하라가 속물이라는 것을 알았던 것일까요? 아사하라는 사건이 일어난 이후 단 한 번도 매스컴에 나오지 않은 채로 체포되었습니다. 아사하라가 속물이라는 것은 전부 신자로부터 나온 정보에 의한 것입니다. 신자로부터 듣고 속물이라고 말했던 것입니다. 그렇다면 거꾸로 신자들은 아사하라가 속물이라는 것을 알면서도 믿었던 것이 됩니다. 이는 소비사회 시니시즘의 그로테스크한 극한을 보여줍니다.

달리 말하면 아사하라는 속물이지만 초월적입니다. 일반적으로 초월적인 것과 속물은 상반됩니다. 하지만 아사하라는 다릅니다. 속물이 초월의 근거가 됩니다. 요약하면 아사하라는 초월성을 부정한다는 점에서 초월적입니다. 아사하라는 '최종 해탈자'라고 불렸습니다. 이는 아사하라가 세속의 인간인 채로, 즉 내재적으로 비초월적인 존재인 상태로 이미 신이 되었다(해탈했다)는 것입니다. 그리고 이것은 '해파리 연구자'로서의 천황이라는 구조와 닮아 있습니다.

초월성과 그 부정이 합치하고 있는 것은 돌이켜 보면 극단적인 보편성이 특수성에 단락되어 있다는 연관의 변주입니다. 그러므로 옴진리교에서도 또는 하이데거에서도 고전적인 의미에서의 초월성은 부정됩니다. 이것을 염두에 두고 마지막 이야기를 들어주시기 바랍니다. 저는 마지막으로 '자유'는 어떻게 가능한가라는 문제를 다뤄보고자 합니다.

자유의 우월 = 곤란

왜 마지막에 '자유'를 논하는가? 이는 20세기가 끝나려고 하는 오늘날, 자유의 조건을 묻는 것 혹은 자유로운 사회의 조건을 묻는 것이 가장 중요한 사상적 과제라고 생각하기 때문입니다.

20세기는 특히, 그 후반은 냉전의 시대였습니다. 냉전이라는 것은 가상의 상태로 끝난 제3차 세계대전입니다. 이 대전에서 중요한 것은 이것이 최후까지 기본적으로는 가상적인 상태였다는 것입니다. 즉 대규모적인 무력 충돌을 동반하지 않고 끝나버렸다는 것입니다. 이것은 서방 진영의 승리가 군사력 때문이 아니라는 것을 의미합니다. 그렇다면 승리의 원인은 어디에 있었던 것일까요? 미타 무네스케見田宗介[61]는 『현대사회의 원리』에서 서방 진영이 승리할 수 있었던 이유에 관해 적어도 이념상으로는 자유를 최우선으로 중시하는 시스템이 그렇지 않은 시스템보다도 상대적으로 매력적이었다는 점을 들어 총괄하고 있습니다. 역으로 말하면 사회주의의 실패는 자유보다도 강한 이념—사회주의체제의 경우에는 '평등'의 이념입니다만—을 추구했던 시스템의 비참한 결과를 보여주고 있습니다.

그러므로 20세기라는 시대의 사상적 교훈은 자유의 우월이라는 것입니다. 자유의 우월을 승인하는 사상을 여기에서는 우선 자유주의라고 해두겠습니다. 우리들의 사상적 과제는 평등한 자유를 확보할 수 있는 사회 시스템이란 어떠한 조건을 갖추어야 하는가를 탐구하는 데 있습니다.

---

61) 미타 무네스케 : 1937~. 『현대일본의 정신구조(現代日本の精神構造)』 등과 같은 실증적 연구를 주로 한 사회학자. 70년대 멕시코유학을 거치면서 코뮤니즘 입장에서의 저술활동도 하였고 이후 비교사회학의 관점에서 시간론, 관계론의 연구를 거듭하였다.

그러나 냉전이 종결된 1989년이 자유주의 승리의 해인 동시에 또한 자유주의가 피할 수 없는 곤란함에 직면하기 시작한 해임을 분명히 기억할 필요가 있습니다. 자유주의는 승자가 된 순간에 여간해서는 이길 수 없는 유력한 도전자를 맞이하게 됩니다.

그중에서도 특히 강력한 도전자가 환경문제, 즉 생태주의입니다. 환경문제가 지금처럼 국제정치를 움직이는 의제가 된 것은 냉전이 종결된 이후부터입니다. 게다가 환경문제를 국제정치의 무대에 들고 나온 것이 붕괴 직전의 소련이었다는 점은 꽤 상징적입니다. 생태주의는 자유와 마찬가지로 중대한 가치를 제기하고 있습니다. 그러나 환경의 원리와 자유주의 사이에는 해결되기 어려운 심각한 모순이 있습니다.

자유주의라는 것은 간단히 말하면 타인의 자유를 침해하지 않는 한 무엇을 해도 좋다는 원리입니다. 그런데 타인의 자유를 침해하지 않는다는 것은 어떠한 것일까요? 환경문제를 자유와의 관계에서 말한다면 '타인의 자유를 침해하지 않는 행위의 범위'를 무화無化시키는 것입니다. 예를 들어 이산화탄소를 배출하지 않는 한 무엇을 해도 좋다고 하는 경우를 가정해 보면 됩니다. 이것은 결국 어떤 것도 해서는 안 된다는 말과 같습니다.

그래서 극단적으로 말하면 환경의 이념과 자유주의는 완전히 모순됩니다. 왜 환경문제의 해결이라는 과제를 설정했을 때 자유로운 행위의 범위가 무화되어 버리는 것일까요? 그것은 환경, 즉 지구가 유한하기 때문입니다. 유한한 공간에서는 엄밀히 말해 타인의 자유를 침해하지 않는 범위라는 것은 처음부터 존재할 수 없습니다.

그렇다면 환경의 유한성이라는 자각은 어떠한 배경에서 급부상하게 된 것일까요? 이 문제를 쫓아가다 보면 생태주의의 원리가 전통적인 자유주의와 대립하고 있을 뿐만 아니라 사실 어떤 의미에서는 강화된 자유주의이기도 하다는 것을 알 수 있습니다. 통상의 자유주의는 자유의 권리를 누리는 주체로서 현재 살아있는 인간만을 고려합니다. 하지만 최소한의 자유에 관한―즉 살고 있다는 자유(생존권)에 대한― 그 적용범위를 현재의 인간만이 아니라 공시적으로 다른 생물과 일반 지연물까지 확장하고, 통시적으로 미래의 세대로 확장하면 환경의 이념에 도달하게 됩니다. 요컨대 이것은 자유의 적용범위를 시간적으로도 공간적으로도 무한대로 확장하는 것입니다. 그 무한성과의 관계에서 본다면 현실의 환경은 필연적으로 유한한 것이 되지 않을 수 없습니다.

여기에서 다음과 같은 두 가지를 말씀드리고 싶습니다. 첫째, 이와 같이 생각하면 자유주의가 직면하고 있는 곤란함이란 자유주의 그 자체에 내재하는 것이라는 점을 알 수 있습니다. 즉 자유주의의 적은 외부에 있는 것이 아닙니다. 둘째, 환경의 이념이 자유로운 주체범위를 무한대로 확장함으로써 도출되는 사상이라면 이것은 사실상 〈자본주의〉가 추진하는 경험가능영역―규범의 적용범위―의 보편화를 앞서서 상정하고 그것을 철저히 적용하여 그것이 극한에 달했을 때 나타나는 문제의식이라고 말할 수 있습니다. 생태주의는 종종 자본주의를 적대시하지만 이는 어떤 의미에서 가장 철저한 〈자본주의〉이고 〈자본주의〉가 충분히 성숙했을 때에만 등장할 수 있는 사상입니다. 이것은 현실의 〈자본주의〉를 초월하는 보다 철저한 〈자본주의〉입니다.

선택할 수 없는 것의 선택

그렇다면 자유의 이념이 조우하고 있는 이 곤란함은—또는 자유가 그 내부에 안고 있는 이 곤란함은—어떻게 극복할 수 있을까요? 제가 여기서 이 문제에 대한 해답을 드릴 수는 없습니다. 하지만 이러한 것만은 이야기할 수 있습니다. 이 문제는 자유라는 것 그 자체에 대한 아이디어를 근본적으로 다시 생각하는 것에 의해서만 해소될 수 있습니다.

이런 이유에서 약간은 원리적인 관점에서 자유라는 것을 생각해 보고 싶습니다. 원래 자유라는 것은 어떠한 것일까요? 이것은 선택할 수 있는 것입니다. 그러나 선택이라는 것은 사실 매우 이상한 현상입니다.

행위의 본질은 선택입니다. 그러나 우리들은 언제 이 행위를 선택하는 것일까요? 논리적으로 선택은 행위의 실행보다 앞서야만 합니다. 그러나 행위를 선택해서 수행하려고 한다면 즉시 행위는 정체되어 버립니다. 예를 들면 '문자를 쓰다'라는 행위를 의식하고 그것을 선택하고 나서 수행하려 한다면 문자는 쓸 수 없게 됩니다. 따라서 우리들은 어느새 선택했다고 말할 수밖에 없습니다. 이렇게 논리적으로 선행되어야 하는 선택은 항상 의식의 수준에서 행위의 실현에 비해 늦습니다. 그러므로 선택은 항상 이미 끝난 것으로만 의식됩니다. 이 선택, 항상 '이미 끝났다'라는 시간모드를, 셸링 Friedrich Wilhelm Joseph von Schelling은 '선험적 과거'라고 부릅니다.

그러므로 자유로운 행위는 결코 현재에 있는 것이 아닌 과거에 선택된 것이 됩니다. 이러한 선험적 과거에서 선택의 가장 극단적인 형태는 다음과 같은 경우입니다. 그것은 칸트가 지적한 어떤 모순된 윤리적 추론과 관계가 있습니다.

때로는 천성이 나쁜 녀석과 만날 때가 있습니다. 매우 성격이 나빠 죽기 전에는 못 고칠 거라 생각하는 경우가 있습니다. 즉 그 사람은 너무 나빠서 태어날 때부터 나쁜 사람, 선천적으로 나쁘다는 인상을 줍니다. 그런데 윤리적으로 책임을 물을 수 있는 것은 선택이 전래될 때뿐입니다. 예를 들면 내가 이곳을 걷고 있을 때 운 나쁘게 선반에서 떡이 나에게 떨어졌다고 그 떡을 책망할 수는 없습니다. 단순히 떡을 놓아둔 사람을 원망할 수는 있을지 모르지만 떡 그 자체를 원망할 수는 없습니다. 떡은 선택할 수가 없고 다만 물리적 법칙에 따라서 이쪽으로 떨어진 것이기 때문에 "네가 참아라"라고 말할 수 없습니다. 그렇지만 여기에서 중요한 것은 앞서 언급한 선천적으로 나쁜 성격을 가진 사람에 대해 우리들은 여전히 나쁘다고 생각하며 그 나쁜 성격에 대해서 본인에게 윤리적으로 책임이 있다고 느낀다는 점입니다. 칸트는 여기에 이상한 '잘못된' 윤리적 추론이 있다고 했습니다. 선천적인 성격이라고 느끼는 이상, 그것은 본인도 선택할 수 없었던 것은 아닐까요? 그런데도 이것에 대해 윤리적으로 나쁘다는 감각을 가지는 것은 왜일까요?

우리들은 본래는 선택할 수 없는 성격을 그 사람이 선택했다고 생각합니다. 그럼 언제 선택하게 되는 것일까요? 그 성격은 선천적인 것이기 때문에, 말하자면 그 사람이 태어나기 전입니다. 즉 선험적 과거에서 성격이 선택되어 그것에 의해 그 사람의 운명이 전체로 규정된다는 것입니다.

자유가 어떻게 가능한가를 묻는 것은 바로 이 선험적 과거에서 선택이란 무엇인가를 묻는 것과 같습니다.

예언의 속박

여기에서 앞서 언급한 가라타니 고진의 '맥베스론'을 다시 상기해 보고 싶습니다. 저는 앞서 가라타니 고진의 '맥베스론'을 비교적 자세히 소개해 두었습니다. 여기에는 약간의 의도가 있었습니다. 중요한 것은 맥베스가 예언과 관계되어 있다는 점입니다. 여러분도 알다시피 맥베스는 왕을 살해해 버립니다. 그 이유에 대해서는 부인의 성정이 강하다는 등 여러 가지 설이 있지만, 그전에 마녀가 맥베스에게 예언을 했으며 맥베스는 그 예언을 따른 것입니다. 즉 예언이 적중된 것입니다.

이 예언이라는 문제에 대해서 잠시 언급해 두고 싶습니다. 왜냐하면 예언이란 바로 선험적 선택이기 때문입니다. 어떤 행위와 숙명이 예언되어 있다는 것, 이것이 바로 선험적 선택입니다.

왜 예언은 맞는 것일까요? 비극은 예언이 맞는다는 점에 있습니다. 예를 들면 가장 유명한 것은 『오이디푸스왕』입니다. 오이디푸스왕 역시 여러 가지 예언을 듣습니다. 그것을 피하려 하지만 결국은 예언대로 하게 됩니다. 이것이 비극입니다. 왜 오이디푸스에 대한 예언이 맞았던 것일까요?

이 문제를 가라타니 고진의 다음과 같은 주장을 실마리로 하여 생각해 보고자 합니다. 가라타니는 초기 소세키漱石론 중에 『미치쿠사道草』에 대해 쓴 부분에서 갑자기 오이디푸스에 대해 언급합니다. 그것은 『미치쿠사』의 서두 부분입니다. 주인공 겐조健三가 산책 도중 '모자를 쓰지 않은 남자'와 마주칩니다. 그때 그는 매우 불안한 감정에 휩싸입니다. 왜 모자를 쓰지 않은 남자와 마주쳤을 때 강한 불안감을 느낀 것일까요? 그것에 대해 가라타니는 다음과 같이 독해합니다. 즉 모자를 쓰지 않은 남자가 침묵한 채 있으면서 실로 그 존재 자체가 겐조에게 "너는 누구냐"고 하는 물음을 던지고 있기 때문이라고 파악합니다. 가라타니는 이렇게 쓰고 있습니다. "여기에서 겐조가 느꼈던 불안은 지식인으로서의 불안감이 아니라 벌거벗은 인간으로서의 불안감이다. '모자를 쓰지 않은 남자'는 그에게 '너는 어디에서 왔느냐'라는 질문을 느닷없이 던지기 시작한다. 여기에서 내가 떠올리는 것은 소포클래스의 극 『오이디푸스왕』에 나타나는 오이디푸스를 불안하게 하는 예언자이다. 오이디푸스는 그 예언자를 묵살하고 또 그의 출생의 비밀과 관련된 증인들을 제거할 수 있었다. 즉 그 예언을 무시할 수 있었던 것이다. 또는 거꾸로 말하면 그에게 '나의 본성의 깊은 바닥까지 찾아서 보여 주겠다'고 하는 강한 의지가 없었다면 일이 세상에 드러나는 일은 없을 것이다. 겐조로서도 마찬가지의 상황이다."

예언은 사실 그냥 맞을 리가 없습니다. 타자에게 예언 받은 것에 의해 예언 받은 자신이 그 예언을 받아들여 버린다는 메커니즘이 있습니다. 예언을 들음으로써 자신이 그것을 받아들여 버리는 구조가 됩니다. 그러므로 예언이 맞는 것보다도 예언대로 사람이 해버린 것입니다. 그럼, 왜 타인의 예언을 받아들여버리는 것일까요? 그것은 어려운 문제입니다. 다만 이것만은 말해두고 싶습니다. 앞서 가라타니의 '맥베스론'의 취지를 소개하면서 자신의 내면과 외면, 자신과 타자는 사실 확연하게 구별될 수 없다고 말했습니다. 바꿔 말하면, 자신은 어떤 의미에서 이미 타자입니다. 그러므로 타자의 예언은 자신의 것이 될 수 있습니다. 겐조가 '모자를 쓰지 않은 남자'를 스쳐 지나가며 불안감을 느끼는 것은 그 남자의 존재에 의해 겐조 자신의 타자성이 촉발되었기 때문입니다. 그 타자의 존재에 의해 나는 무엇일까라는 물음, "너는 어디에서 왔는가"라는 물음이 움직이기 시작하는 것은 자기가 자기다운 이유가 실로 그 타자의 존재 쪽에 있기 때문이 아닐까요?

잠정적인 결론은 이렇습니다. 선험적 선택이라는 것은 이 예언과 같은 것이라 생각합니다. 부연하면 타자의 예언을 자기 자신의 고유한 것으로 받아들인 메커니즘이 아닐까요? 선험적 선택은 이미 끝나 버린 선택, 선택할 수 없는 선택이라는 구성을 취하고 있습니다. 그렇다면 선택할 수 없다는 것, 이미 끝나 버렸다는 것은 누구의 문제인가요? 물론 자신에게 문제가 됩니다. 그럼에도 불구하고 어떻게 선택이 가능한 것일까요? 그것은 본래 선택하는 것이 타자이기 때문입니다. 말하자면 타자가 '예언'이라는 형식으로 선택하고 있는 것입니다. 이 타자의 선택, 즉 자신의 행위와 숙명에 관한 타인의 예언을 스스로 고유화하고 내면화하는 것을 통해 이미 끝난 것, 선택할 수 없는 것을 선택한다는 이상한 구조가 완성됩니다.

물론 모든 예언이 다 맞는 것은 아닙니다. 누구의 예언이나 맞는다고 할 수 없습니다. 즉 타인의 예언이라고 모두 사람을 속박할 수는 없습니다. 예언자는 사람을 속박할 수 있는 위치에 있는 타자여야만 합니다. 요컨대 그것은 초월적인 타자여야만 합니다.

자유는 선험적 선택을 전제로 해야만 가능합니다. 그렇다면 예언하는 초월적인 타자를 확보해 둔다는 것, 이것이야말로 인간에 있어 자유가 가능하기 위한 결정적인 조건이 되는 것입니다.

과거의 두께

그럼 원래 이야기로 돌아가서 지금 우리들이 안고 있는 곤란함이란 어디에 있는가를 말하려고 합니다. 저는 옴진리교와 하이데거를 언급하면서 거기에는 초월성이 부정되고 있다고 말했습니다. 우리들의 곤란함이란 자유의 가능조건이기도 한, 그 예언하는 초월적 타자의 위치가 공허하다는 점에 있습니다. 즉 우리들을 자유로운 주체로서 또는 책임의 주체로서 완성시키는, 비유적으로 말하면 우리들의 인생을 예언하는 타자가 없다는 뜻입니다. 이것을 절망적인 방식으로 채우려고 한다면 초월성을 부정하는 듯한 초월성, 앞서 말한 속물로서의 초월성이 됩니다. 반면 이와 같은 절망적인 충족

방식을 거부하면 이 초월적인 위치는 공석인 채로 남게 됩니다. 여기에 우리들이 안고 있는 최대의 어려움이 있다고 생각합니다.

그것을 상징하고 있는 것이 고지마 노부오의 『아름다운 날들』이라는 소설입니다. 소설 속에서 초월적인 타자의 위치를 점유하고 있는 것은 말할 것도 없이 아버지입니다. 말하자면 미국을 대신해서 홀로 초월적인 타자의 위치를 짊어지려고 한 아버지, 구체적으로는 소설가라는 스타일로 대표되는 아버지입니다. 그런데 이 아버지가 아내와 자식에게 인정받지 못합니다. 가라타니도 말했지만 가령 예언자가 예언을 해도 오이디푸스 쪽에서 탐구하려는 의지가 없었다면 예언은 맞지 않게 됩니다. 즉 오이디푸스 쪽에서 예언을 받아들인다는 메커니즘이 있어야 합니다. 그것에 의해 예언자는 초월적인 예언자가 될 수 있었습니다. 그런데 이 소설에서는 아버지가 자식에게도 아내에게도 받아들여지지 않습니다. 미국의 뒤를 메워야 했던 아버지가 지금 1990년대 중반에 와서 받아들여지지 않는다는 것입니다. 이것은 물론 비유입니다. 구체적인 아버지라기보다도 아버지로 상징되는 사회적인 그 무엇이 받아들여지지 않는다는 것입니다. 그러한 구조입니다.

제3부의 초반에 인용한 부분을 상기해 보고 싶습니다. 아내는 언제나 남편을 신뢰하고 산책을 합니다. 그러나 어느 날 갑자기 남편의 이야기를 들을 마음이 사라졌습니다. 그 순간부터 그녀의 건망증이 시작됩니다. 그럼 왜 이때 건망증이 시작되는 것일까요? 왜 남편=아버지가 거부된 순간에 건망증이 시작되는 것일까요? 이 문제는 마지막 결론으로 돌리고 싶습니다.

사실 예언하는 초월적 타자의 존재라는 것은 과거나 역사의 존재 조건이기도 합니다. 첫째, 그것은 과거를 구성하는 것입니다. 타자의 예언을 스스로 고유화함으로써 선험적 선택이 만들어진다고 이야기했습니다. 선험적 선택은 항상 과거와 같은 선택입니다. 과거는 특별히 객관적 사실로서 있는 것이 아니라 정의상 '이미 없다'는 것입니다. 그러므로 과거라는 실재, 과거라는 리얼리티는 만들어지지 않으면 안 됩니다. 현재로 흘러들어오는 과거라는 시간의 두께는 항상 과거와 같은 차원을 투사하는 것과의 상관성에 의헤서 만들어지는 것입니다. 임의의 현재에 대해 과거와 같은 차원이 있고 처음으로 현재까지의 시간적인 두께가 구성되는 것입니다. 항상 과거와 같은 차원이야말로 실로 선험적 선택이 위치하는 장소에 다름 아닙니다. 그러므로 선험적 선택을 가능하게 하는 초월적인 타자를 잃어버리면 우리들은 과거라는 시간의 두께를 잃어버리게 됩니다. 요컨대 현재까지 이르는 과거의 축적 감각이 없어져 버리는 것입니다. 말할 필요도 없이 그것은 기억을 불가능한 것으로 만듭니다.

둘째, 예언하는 타자의 상실은 과거의 일반적인 것뿐만 아니라 역사라는 과거에 대한 태도의 붕괴를 초래합니다. 예언을 한다는 것은 현재에 있으면서 현재의 일이 완료된 이후의 시점에서 사건을 바라보는 것입니다. 즉 예언은 사후의 시점을 미리 선점하는 것입니다. 언뜻 보기에는 예언과 역사는 반대같지만 실은 그렇지 않습니다. 양자는 같은 스타일을 공유합니다. 역사는 예언과 같은 스타일로서 다만 과거 쪽으로 슬라이드시킬 뿐입니다. 현재의 일이 사후의, 이를테면 미래완료의 시점과의 상관관계 속에서만 의미를 가질 수 있다는 것을 전제해 두지 않으면 역사는 쓸 수 없습니다. 왜냐하면 역사를 기록한다는 것은 그 과거의 사건을 그 과거의 시점에서는 존재할 리 없었던 것에 대해 미래완료 시점과의 상관관계에서 그것을 기술하고 그 기술에 어울리는 일이 그 과거에ー정확하게 말하면 그 과거가 현재였던 시점에서ー이미 존재한 것으로 간주하는 것이기 때문입니다. 예를 들면, 로베스피에르는 프랑스혁명에 가담했다고 기술합니다. 그러나 '프랑스혁명'이라는 일련의 사건은 시간이 지난 후에 보기 때문에야말로 나타나는 것입니다. 그 소용돌이 속에 있었던 사람은 사실 프랑스혁명을 하고 있다는 식으로 생각하지 않습니다. 즉 사후에 나타난 것을 사전에 이미 있었던 것처럼 기술하는 것, 그것이 역사입니다. 이것은 예언이라는 것을 구성하는 태도와 같습니다. 그러므로 예언하는 초월성에 대응하는 요소를 잃었을 때, 역사와 같은 형태로 기억을 축적할 수 없게 됩니다. 『아름다운 날들』의 아내와 아들의 기억상실은 이러한 것을 표현하는 우의寓意인 것입니다.

따라서 우리들에게는 이 초월적 타자의 빈자리에 대해 어떻게 대처해 갈 것인가가 긴요한 실천적·사상적 과제가 됩니다. 옴진리교도 나치도 천황제 파시즘도 이 공허를 일종의 아크로바틱과 같은 방법으로 채우려 한 시도였다고 할 수 있습니다. 그러나 지금의 우리들은 이런 방식을 회피하지 않으면 안 된다는 것을 알고 있습니다. 우리들은 공허를 회피하는 것이 아니라 공허를 진지하게 받아들이지 않으면 안 됩니다. 이것은 어떻게 가능할까요? 그 방법은 자유로운 사회를 어떻게 실현할 것인가라는 문제와도 연동되어 있습니다.

저자 후기

나는 1997년에 세이부西武 백화점 이케부쿠로池袋 지점 부속 '리브로 포럼'에서 3회 연속으로 〈전후사상〉을 주제로 강연을 했다. 본서는 이 강연을 가필, 수정한 것이다. 각 장은 각각의 강연에 대응하고 있다. 제1회 강연은 4월 5일, 제2회 강연은 8월 9일 그리고 제3회 강연은 12월 6일에 열렸다. 각 강연은 독립적인 내용이지만 각각 내용적으로 완결된 느낌을 주도록 노력했다.

물론 가필과 수정을 거치면서 본서의 내용은 강연과 달라졌다. 특히 제3부은 실제 강연의 내용을 상당히 압축시켜야만 했다. 그러나 기본적인 아이디어나 말하는 방식은 가능한 한 강연 그대로를 살렸다. 그 이유는 강연이 아니었더라면 말하지 않았을 법한 내용이 포함되어 있었고, 나는 그런 것들을 남겨놓고 싶었기 때문이다.

강연이라는 것의 성격상, 논리도 충분히 치밀하다고는 할 수 없고 검증도 불완전하다. 애초부터 논문으로 쓸 것을 생각해 문자로 쓴 것이라면, 보다 엄밀하고 주도면밀하게 구성했을 것이다. 그러나 강연이기 때문에 생겨난 몇 가지 극단적인 단순화나 다소 지나치게 단정적인 표현도 때로는 의미가 있을 것이라 생각한다.

강연 준비에 관해서는 주식회사 리브로의 미즈타니 미키오水谷幹夫 씨에게 특히 신세를 졌다. 또 이것을 책으로 만들면서 『허구의 시대의 끝에서』를 출판할 때와 마찬가지로 지쿠마서방筑摩書房의 야마모토 가쓰토시山本克俊 씨가 편집을 맡아주셨다. 두 분에게 진심으로 감사드리고 싶다.

6월 26일
오사와 마사치

역자 후기

이 책은 오사와 마사치大澤真幸의 『戰後の思想空間』(ちくま親書, 1998)을 한국어로 옮긴 것이다. 제목이 암시하듯이 이 책은 일본의 전후사상을 어떤 이론적 관점에서 그 의의와 한계를 검토하는 '비평서'가 아니다. 이 책의 시선은 전후사상을 가능케 했던 어떤 '조건'을 향해 있다. 여기서 '사상공간'이란 특정한 논리적 구조를 공유하는 지식들이 등장해서 경합하는 일종의 역사적인 담론의 장場을 의미한다.

저자는 이러한 문제의식 위에서 전후사상의 흐름을 '이상/결여'라는 용어를 축으로 하여 다음과 같은 세 개의 역사적 공간을 통해 펼쳐 보이고 있다. 먼저 '이상의 시대'(1945~70). 이것은 일본이 어떤 보편적 기준에서 봤을 때 '결여'로서 표상되는 시기를 의미한다. 물론 이때 일본인들에게 현실감 있는 보편의 시점, 즉 이상으로 기능했던 것은 세계 체제의 헤게모니 국가로서의 미국이었다고 저자는 말한다. 그러나 고도성장을 통해 적어도 경제적인 면에서 일본이 미국과 경합하는 시기가 오면서 '이상으로서의 미국'은 실효성을 상실하게 된다. 저자는 물질적 풍요로움이 이상을 대체하는 이 시기(1970~95)의 사상공간을 '결여의 부재'로서 정의한다. 보편적 참조점의 의미를 상실한 사상의 공간은 차이의 게임이라는 논리로 재편된다. 그런 의미에서 포스트모던과 오타쿠가 '결여의 부재'의 시기에 동시적으로 나타났다는 것은 결코 우연이 아니다. 이어서 저자는 옴진리교 사건을 계기로 사상공간의 논리는 '결여의 부재'에서 '결여의 결여'로 이행한다고 말한다. 즉 옴진리교와 같은 신흥 종교의 성행은 역설적으로 물질적 풍요 속에서 정신적 공허함이 새로운 결여로서 경험되는 상황을 보여준다는 것이다. 따라서 개인과 국가의 수준을 넘나들며 정신적 가치의 회복을 갈구하는 90년대의 담론은 파편화된 개인의 정신적 공허함(결여감)이라는 현대의 지적 상황에 대한 사상적 대응으로 자리매김 된다.

전후사상의 전환에 관한 일종의 구조주의적 분석과 함께 이 책이 제공하는 또 다른 논점은 '역사의 주기적 반복'이라는 문제이다. 그래서 저자는 전후의 포스트모던을 이해하기에 앞서 전전에 있었던 포스트모던의 사상운동, 즉 '근대의 초극'을 논의의 도마 위에 올린다. 다나베 하지메의 '종種으로서의 국가'와 니시다 기타로의 '무無로서의 장소'라는 개념의 사회적 맥락을 검토하면서, 저자는 거기에서 경험세계의 의미와 판단의 영역을 가리키는 '경험가능영역'의 보편화 현상을 추출해낸다. 물론 경험가능영역의 보편화를 추동하는 힘이 부단히 시장의 논리를 확대시키려는 자본주의의 운동에 의존하고 있음은 두말할 나위도 없다. 결국 서양적 근대를 넘어선다는 '근대의 초극'은 '아시아침략전쟁'과 '대對서양제국주의전쟁'에 대한 사후적 정당화를 시도한 제국일본의 이데올로기이자, 동시에 자본주의 세계 체제의 지구적 확산이라는 거시적 맥락이 일본사상에 요구한 시대적 요청에 대한 나름의 응답이기도 했던 것이다. 저자가 충분히 논의를 진전시키고 있지는 못하지만, 글로벌화의 진전과 더불어 '다문화주의'가 새로운 사상적 이슈로 등장하고 있는 오늘날의 지적 상황은 이 책이 담고 있는 이러한 문제제기를 가볍게 넘길 수 없도록 한다.

일본이 전후 60년의 결산을 요청받고 있다면, 해방으로부터 60년이 지난 한국은 독자적인 일본연구의 이론적 시야가 요구된다고 할 수 있다. 어문학 전공자를 중심으로 했던 일본연구는 다양한 전공의 일본연구자가 배출되면서 연구의 폭이나 깊이에서 분명 괄목할 만한 질적 발전을 보여주고 있다. 하지만 역사학과 문학과 같은 인문학 분야가 패전 이전의 일본에 치우친 반면, 사회과학적 연구는 패전 이후의 일본에 관심을 집중하는 불균형을 극복하고 있지 못하며, 개별연구자는 민족주의의 구속력에서 충분히 자유롭지 못한 것도 부인할 수 없는 사실이다. 그런 만큼 일본에 대한 '비판'과 '비평'의 깊이를 확보하는 일과 함께 일본이라 불리는 공동체를 구성하는 인간들의 세계인식과 자기인식의 기본구조를 냉정하게 석출해 내는 작업이 절실한 시점이다. 이른바 '일본문학' 분야의 전공자에 불과한 역자들이 마루야마 마사오와 니시다 키다로, 하이데거와 데리다를 넘나들며 일본의 근현대 사상을 구조적으로 조감하고 있는 이 책의 번역에 감히(!) 덤벼들 수 있었던 것에는 이러한 문제의식이 우리 스스로에게 절실함으로 다가왔기 때문이다.

역자들의 부족한 지적 역량은 번역을 마무리한 지금에도 이 책의 출판을 주저하게 만든다. 또한 저자가 제기하는 흥미로운 쟁점들을 제대로 담아냈는지 사실 걱정이 앞선다. 굳이 이 책의 장점을 말하자면, 새로운 이론을 제시하기보다는 다양한 논의를 가능케 하는 문제제기를 담고 있다는 점에 있을 것이다. 부족한 번역이지만 이 책이 독자들에게 일본의 전후사상에 대한 지적 자극을 제공할 수 있다면 더 이상 바랄 것이 없다. 오사마 마사치라는 학자의 저서가 한국어로 번역된 것은 이번이 처음이다. 비록 정치한 연구서가 아니라 시민강좌의 강연록을 처음으로 소개하게 된 것이 조금은 유감스럽지만, 저자의 거침없는 논리와 과감한 통찰력을 여과 없이 보여주고 있다는 점에서 의미는 있다고 생각된다. 마지막으로 이렇게 귀중한 작업을 할 수 있도록 배려해 주신 어문학사 관계자분들께 진심으로 감사의 말씀을 드리며, 번역 상의 오류는 전적으로 역자들의 몫임을 밝혀둔다.

2010년 4월
서동주

색인

전후 일본의 사상공간

초판 1쇄 발행일 2010년 4월 20일

지은이 오사와 마사치
옮긴이 서동주 · 권희주 · 홍윤표
펴낸이 박영희
편집 이선희 · 김미선
표지 강지영
교정 · 교열 이은혜
책임편집 강지영
펴낸곳 도서출판 어문학사
　　　　132-891 서울특별시 도봉구 쌍문동 525-13
　　　　전화: 02-998-0094 / 편집부: 02-998-2267
　　　　팩스: 02-998-2268
　　　　홈페이지: www.amhbook.com
　　　　e-mail: am@amhbook.com
　　　　등록: 2004년 4월 6일 제7-276호

인 지 는
저 자 와 의
합 의 하 에
생 략 함

ISBN 978-89-6184-069-9　93900

정가 15,000원